당신의
가장 '나다운' 순간을
응원합니다!

김소현 에세이

그래도
나니까

그래도 나니까

Copyright ©2025 by Youngjin.com Inc.
B-1001, Gab-eul Great Valley, 32, Digital-ro 9-gil, Geumcheon-gu, Seoul, Republic of Korea
All rights reserved. No part of this book may be reproduced or transmitted in any form or by any means, electronic or mechanical, including photocopying, recording or by any information storage retrieval system, without permission from Youngjin.com Inc.

ISBN : 978-89-314-7567-8
ⓒ김소현, 2025

독자님의 의견을 받습니다.
이 책을 구입한 독자님은 영진닷컴의 가장 중요한 비평가이자 조언가입니다. 저희 책의 장점과 문제점이 무엇인지, 어떤 책이 출판되기를 바라는지, 책을 더욱 알차게 꾸밀 수 있는 아이디어가 있으면 팩스나 이메일, 또는 우편으로 연락주시기 바랍니다. 의견을 주실 때에는 책 제목 및 독자님의 성함과 연락처(전화번호나 이메일)를 꼭 남겨주시기 바랍니다. 독자님의 의견에 대해 바로 답변을 드리고, 또 독자님의 의견을 다음 책에 충분히 반영하도록 늘 노력하겠습니다.

파본이나 잘못된 도서는 구입하신 곳에서 교환해 드립니다.

이메일 : support@youngjin.com
주 소 : (우)08512 서울특별시 금천구 디지털로9길 32 갑을그레이트밸리 B동 10층 (주)영진닷컴
등 록 : 2007. 4. 27. 제16-4189호

STAFF
저자 김소현 | **총괄** 김태경 | **기획 · 진행** 한지수 | **디자인 · 편집** 김유진
영업 박준용, 임용수, 김도현, 이윤철 | **마케팅** 이승희, 김근주, 조민영, 김민지, 김진희, 이현아
제작 황장협 | **인쇄** 제이엠

김소현 에세이

그래도
나니까

서툰 날들 속에서도 조용히 나를 지켜낸
나다운 시간들의 기록

YoungJin.com Y.
영진닷컴

:: 추천사

무대 위에서 자신의 온 삶을 다해 노래하는 김소현 배우의 모습을 볼 때마다 그 안에 담긴 수많은 시간과 인내, 도전을 느끼게 됩니다. 그리고 이 책을 통해, 무대 뒤의 그녀가 얼마나 진심으로 자신의 길을 걸어왔는지를 새삼 느꼈습니다. 다른 세계에서 살아왔지만 그녀의 이야기에 마음 깊이 공감할 수 있었습니다. 남들이 보지 않는 순간에도 스스로를 다잡아야 했던 시간들, 선택의 기로 앞에서 흔들리는 마음, 그리고 그 모든 과정을 통해 더 단단해진 자신을 마주하는 일. 결국 이 여정은 어느 분야에 있든 치열하게 살아온 모든 사람들의 이야기이기도 합니다. 김소현이라는 사람, 그리고 그녀의 목소리와 삶에 따뜻하게 물들게 되는 이 책을 많은 분들께 추천드립니다. 우리 모두가 조금 더 자기 자신을 응원해 주고 싶은 날. 이 책이 소소한 위안을 가져다줄 것으로 믿습니다.

_박세리(전 골프선수)

책을 낸다는 이야기를 들었을 때부터, 누나가 어떤 이야기를 꺼내놓을지 궁금했습니다. 읽다 보니 익숙한 장면도 있었고, 처음 접하는 속내도 많았습니다. 아는 이야기에서는 늘 곁에 있던 누나의 모습이 떠올라 반가웠고, 처음 듣는 이야기들에선 알지 못했던 누나의 깊은 생각과 감정이 느껴져 신선했습니다. 마치 여름밤, 조용한 골목을 나란히 걸으며 나누는 대화 같았습니다. 조심스럽게 고민을 털어놓다가도 결국 "다 괜찮아질 거야"라는 말로 마무리되는, 김소현다운 따뜻한 위로. 바쁜 하루 끝, 생각을 쉬게 하고 싶을 때 이 책을 권하고 싶습니다.

_김준수(가수·뮤지컬 배우·팜트리아일랜드 대표)

일러두기

이 책은 국립국어원의 표기 기준을 따르되, 일부 표현은 콘셉트에 맞추어 일상어 표기를 반영하였습니다.

:: 목차

프롤로그   10

01
시작이 먼저, 생각은 나중에

소고기김치볶음밥 _ 내일은 더 행복해지기로   16
하던 대로, 살던 대로 _ '프로페셔널함'과 '부부' 사이   24
스페셜 디제이 _ 소소한 일상이라는 선물   32
콜로세움 '무한' 바퀴 _ 돌고 돌아 다시 당신에게로   42
뉴스 보셨어요? _ 아무리 바빠도 빼놓지 않는 일   54
아빠와 소금 _ 스스로 낮게 하는 힘   60
엄마와 음악 _ 무엇이든 해내게 만드는 마법   68
숨구멍이 필요해 _ 취미가 필요해?   78
일상의 기적을 만드는 법 _ 새로운 나를 발견하는 용기   86
고기=밥 vs 고기=반찬 _ 가정의 평화를 위한 궁합   93
사람을 살리는 레시피 _ 김치찌개에 대한 단상   101

02
내 꿈은 다듬어지지 않는 모난 돌

안나 카레니나 _ 사람 공부	110
마리 앙투아네트 _ 내가 부지런할 수밖에 없는 이유	119
어쩌면 나는 무던한 사람인지도 모른다 _ '알레르기 0'의 진실	127
명성황후 _ '인간 민자영'으로 만난 작품	136
위키드 _ 반성노트	145
최악의 컨디션에 극과 극 반응 _ 투덜대도 결국은 해야 하는 일	156
오페라의 유령 _ '크리스틴'이라는 날개	163
마리 퀴리 1 _ 애썼어 마리, 참 충분한 삶이었어	171
마리 퀴리 2 _ 모든 반짝이는 별들의 삶을 함께해 주셔서 감사합니다	178

03
인생은 가볍고 둥글게

더도 말고 덜도 말고 아몬드 초콜릿만 같아라 _ 스트레스를 받을 때 생기는 일	188
거기서부터는 오지랖이야 _ 위로와 오지랖 사이	196
무대 밖은 위험하지 않아 _ 예능에 출연하는 이유	205
혜세의 습관이 필요한 순간 _ 비시즌 스케줄	215
내가 축구에 열광하는 이유 _ 88 서울올림픽에서 K-콘텐츠까지	225
엄마도 처음에는 어린이였잖아요 _ 껍데기와 알맹이	238
바람이 돼서 날아와야 해 _ 엄마의 마음	245
양배추 인형 _ 기다리는 자에게 선물이 있나니	254
인생은 가볍고 둥글게 _ 관계의 기술	262
이제부터 사진 열심히 찍어야겠어요! _ 영원히 담아두고 싶은 순간	270
김소현 전문가가 써주는 김소현 각본 _ 나를 더 잘 알 수만 있다면	277
써도 써도 아깝지 않은 소비 _ 자식이 어른이 된다는 것	284

:: 프롤로그

떨리고 어색하지만, 그래도 써보려 했습니다.

제가 꿈꾸는 저는, 지금의 저와는 꽤 다릅니다.
어떤 상황에서도 긍정적으로 생각하고, 용기 있게 선택하며, 후회하지 않는 사람. 결정을 앞두고 망설이지 않고, 나중엔 스스로 "잘했어"라고 말해줄 수 있는 사람.

하지만 현실 속의 저는, 매일 불안해하며 소심합니다.
겉으론 밝아 보여도, 속으론 걱정이 많고, 때로는 얼어붙은 마음으로 하루를 버텨냅니다. 원하는 나와 실제 나 사이엔 늘 간극이 존재하죠.

그런데 살아보니 알겠더라고요.
내일을 향해 한 발 내디디기 위해선, 지금의 나를 있는 그대로 받아들여야 한다는 걸요.
무대 위의 떨리는 마음도, 매일 찾아오는 부담도 결국 나를 있는 그대로 껴안을 때 비로소 견딜 수 있다는 걸요.

아무리 힘들고 지쳐도 살아야 하니까.
그래도, 나를 사랑해야 하니까요.

처음 출간 제안을 받았을 땐 고민이 됐습니다. 하고 싶은 이야기는 많았지만, '책'이라는 한정된 공간에 그 모든 마음을 담아낼 수 있을까 걱정이 앞섰거든요.
글이라는 게, 쓸 땐 진심을 담아도, 다음날 보면 쑥스럽고 부끄러워 조용히 지워버리고 싶어지기도 하니까요.

하고 싶은 말은 담고, 굳이 남기지 않아도 될 말은 덜어낼 수 있다는 것. 그래서 후회를 조금 덜 수 있다는 것. 어쩌면 말보다 글이 더 좋은 이유가 여기에 있는 것 같아요.

그래서 써보기로 했습니다.
후회 없이, 담담하게 제 이야기를 꺼내보기로요.
무대 위의 김소현이 아니라, 인간 김소현으로.
늘 부족하고 흔들리는 제 모습을 솔직하게 담아보려 애썼습니다.
그리고 사랑하는 남편과 제 아들이 이야기에 글을 보태주었어요. 오래된 앨범을 펼쳐 이야기를 나누듯, 책을 쓰며 우리는 더 많은 대화를 나눌 수 있었습니다.

그렇게 1년이 넘는 시간 동안 이야기를 모았고, 조심스럽게 한 줄 한 줄 써 내려갔습니다.
그런데 막상 책으로 묶여 독자 여러분 손에 닿는다고 하니, 다시 마음이 흔들리네요. 혹시 덜어냈어야 할 말은 없었는지, 더 솔직할 수는 없었는지 자꾸 되돌아보게 됩니다.
결국 모든 이야기를 다 털어놓지는 못했습니다만, 어쩌면 그 미완의 모습이 지금의 저와 닮아있는지도 모르겠어요.

저는 지금도 저만의 속도로, 저답게 살아가는 법을 배워가는 중입니다.
그저 한 사람으로서, 흔들리며 살아가는 인간 김소현의 고백. 이 책은 그런 저의 이야기입니다.
어쩌면 감동적인 문장이나 밑줄을 긋고 싶을 만큼 멋진 문장이 없을지도 모르겠어요. 하지만 그럼에도 하루하루를 버티며 내일을 준비하는 누군가에게 작게나마 위로가 되었으면 합니다.
더 많은 이야기를 담지 못해 아쉬움이 남지만, 부족한 저를 이해해 주시고 그 마음까지 따뜻하게 받아주신다면 더 바랄 것이 없겠습니다.

2025년 7월

김소현

01

시작이 먼저,
생각은 나중에

소고기김치볶음밥

내일은 더 행복해지기로

주안이의 하교 버스 도착 시간이 가까워졌다.

주안이가 하교 버스에서 내리면 차에 태워 곧장 학원으로 가야 하기 때문에 그 전에 주안이가 저녁에 학원에서 먹을 도시락을 미리 싸둬야 한다.

쉬는 날만큼은 장도 좀 보고, 주안이가 좋아하는 반찬도 해줘야 하는데 오늘도 그럴 여유가 없었다. 이럴 때마다 주안이에게 미안한 마음이 가슴에 한 움큼씩 남는다.

냉장고 문을 열었다. 한쪽에 묵은 김치, 그리고 7,950원짜리 국거리용 소고기 몇 점이 보였다. 마땅한 재료가 없던 차, 이걸로 소고기김치볶음밥을 만들 수 있을 것 같았다.
팬을 꺼내 재료를 넣고 빠르게 볶기 시작했다. 밥을 휘저어 놓은 뒤, 도시락통을 꺼내고, 가방을 찾아 내리고, 젓가락과 숟가락을 케이스에 쏙쏙 넣었다.

그때 핸드폰 벨 소리가 울렸다. 몇 달째 매듭짓지 못했던 일을 오늘 마무리 지어야 하는 날이었다. 머릿속은 이미 터질 듯 복잡했고, 가슴 한쪽에는 폭발 직전의 화약고처럼 스트레스가 차올라 있었다. 전화는 5분 간격으로 계속 울렸고, 통화를 이어가면서 한 손으로는 도시락을 마저 싸고, 학원 가방을 챙겨 차에 실었다.

하교 버스가 서는 장소에 도착하니, 저 멀리서 주안이가 걸어오는 모습이 보였다. 나는 여전히 통화 중이었고, 그 상태로 아들을 태운 뒤 학원으로 향했다. 중요한 이야기를 놓치지 않으려 안간힘을 쓰는 동안, 어느새 학원 앞에 도착했다.
주안이는 가방을 챙겨 조용히 내릴 준비를 했다. 그리고 문을 열며, 슬쩍 이런 말을 남겼다.
"나 한 번이라도 좀 봐주지…."

순간, 뭔가 뚝— 끊기는 느낌이었다. 머릿속이 하얘졌다. 가슴 어딘가 깊은 곳이 털썩 주저앉는 기분이었다.
'내가 지금 뭘 하고 있는 거지?'
뭐 그리 대단한 일을 한다고 아들에게 단 한 번 눈길조차 주지 못한 걸까.

차창을 내려 인사를 건네보려 했지만, 이미 주안이는 서운함을 어깨에 얹은 채 멀어지고 있었다. 아들의 한마디에 마음이 무거워졌다. 말없이 '엄마, 나 좀 봐줘…' 하는 얼굴로 내내 나를 봤을 주안이를 떠올리니 괜스레 울컥했다.
'아들보다 중요한 일이 뭐가 있다고….'
하지만 미안한 마음도 잠시. 또 그 일로 계속 전화가 걸려왔고, 나는 다시 전화 속으로 빨려 들어갔다.

아들에게 나름 최선을 다하려고 하는데… 아들에게는 무심한 엄마, 밖에서는 가족에게 부족한 워킹맘. '도대체 누구를 위해 이렇게 사는 거지?'라는 생각에 마음이 붕 떠버린 기분이 들었다.
남편은 공연으로 집에 없고, 주안이는 학원에 가있고… 부엌에 들어서니, 주안이 도시락을 싸고 남은 볶음밥이 냄비 가장 자리에 눌어붙어 있었다. 나는 그 자리에 서서 숟가락으로 볶음밥을 박박 긁어모아 입에 넣었다. 그런데—

와!
이게 바로 미슐랭…! 아니, 미슐랭 할머니도 울고 갈 맛!
7,950원짜리 국거리용 소고기에 묵은 김치를 넣고 볶았을 뿐인데, 어쩜 이리 맛있는지. 내가 만들어 놓고도 믿기 어려운 기가 막힌 한 숟갈이었다.

✦ ✦

사는 게 참, 그렇다.
아들에게 미안해서 마음이 무너졌다가, 일에 지쳐 사람에 치여 세상에서 제일 불행한 사람 같다가… 이렇게 식은 볶음밥 한 숟갈에 행복해지다니!

그래, 인생 뭐 별거 있나. 이렇게 먹고, 이렇게 웃고, 다시 잘 살면 되는 거지.
볶음밥을 씹어 삼키며 다짐했다.
내일은 더 행복해지기로.

내일은 주안이에게 조금만 덜 미안해하기로.

볶음밥 한 숟갈의 행복

소현! 당신은 마음이 참 따뜻한 엄마예요. 옆에서 지켜보고 있으면, 상대방의 작은 행동이나 눈빛 하나도 놓치지 않고 살피며 배려하는 당신이 참 대단하다는 생각이 들어요. 그런 당신 덕분에 주안이가 더욱 포근하고 따뜻한 사람으로 성장하고 있는 것 같아 고마운 마음이 크네요. 충분히 멋진 배우! 정말 좋은 엄마. 우리 정말 행복한 가정이다. 그치?(남편에게도 한 박자만 쉬어 넘어가 주면… 어떨까?^^)_@**준호**

ㄴ 부족한 솜씨지만 주안이가 맨날 최고로 맛있다고 해줘서 엄마는 기쁘다!!! 고마워 주안아!^^_@소현
ㄴ 엄마 김볶밥은 최최고예요! 히히_@주안

:
사는 게 참, 그렇다.
아들한테 미안해서 마음이 무너졌다가,
일에 지쳐 사람에 치여 세상에서 제일 불행한 사람 같다가…
이렇게 식은 볶음밥 한 숟갈에 행복해지다니!
그래, 인생 뭐 별거 있나.
이렇게 먹고, 이렇게 웃고, 다시 잘 살면 되는 거지.

하던 대로, 살던 대로

'프로페셔널함'과 '부부' 사이

나에게는 아무리 노력해도 고쳐지지 않는 습관이 하나 있다.
바로, 싫은 소리를 잘 못하고, 거절을 잘 못한다는 것!

웬만한 상황에도 "아니에요, 전혀요! 괜찮아요!" 하고 넘어가는 편인데… 왜! 왜 남편한테만은 내 본색을 드러내는 걸까! 딱 한마디만 꾹 참으면 될 일을 굳이 말해서 판을 키우고야 만다. 그 순간엔 꼭 해야 할 말 같아서 툭 내뱉고, 싸움이 끝나자마자 후회 모드 ON. 가슴을 치며 스스로를 책망한다.
'아이고… 내가 왜 그랬을까… 나 또 시작했네 또!'

방송이나 무대에서 우리 부부가 주고받는 애틋한 눈빛, 그걸 보시고는 "와~ 저 부부는 진짜 사이좋구나~" 하시는 분들이 많지만, 현실은… 전혀 그렇지 않다! 우리도 진짜 많이, 아주 파이팅 넘치게 싸운다. 다만 그 감정을 일에까지 끌고 가지 않으려고 할 뿐이다. 아무리 부부라도 일은 일! 무대에 서면 우리는 프로페셔널해야 하니까. 감정은 깊숙이 묻어두고 무대에선 완전 몰입! 이것만은 철칙처럼 지키고 있다.

사실… 남편에게 늘 미안한 마음을 가지고 있다. 앞으로 30년 뒤의 일도 미리 걱정하며 혼자 속앓이하는 나, 별일 아니어도 쉽게 지치고 예민해지는 내 성격까지 다 감당해야 하니, 말은 안 해도 속으로 늘 생각한다.
'아휴, 나랑 사는 거 참 쉽지 않겠다….'

그런데, 뭐… 이것도 운명이니 받아들여야 하지 않을까?
"미안해 여보. 나 때문에 힘들지?"
이렇게 따뜻하게 말해주고 싶다가도, 막상 얼굴 보면 또 간지럽고, 괜히 내가 지는 것 같아 입이 떨어지질 않는다.

에이, 나도 모르겠다. 그냥 하던 대로 살아야겠다. 그래도 내 마음은 알아주겠지.
물론 부부 사이에 '노력'도 중요하지만, 있는 그대로의 서로를 받아주고 이해하려는 마음이 그보다 훨씬 더 소중하다고 생각한다.

✦ ✦

'그래, 저 부부도 저렇게 산대.'
요즘은 우리 부부의 조금 허술하고 현실적인 모습을 보고 이렇게 공감해 주시는 분들이 참 많아졌다. 어쩐지 다행이라는 생각이 든다. 우리가 살아가는 방식이 프로페셔널하지는 않아도, 누군가에게 위로가 되고, 웃음을 주고, 마음이 닿을 수 있다면… 그것만으로도 충분하지 않을까?
완벽하지 않아도 괜찮다.
그게 바로, 우리가 살아가는 방식이니까.

우리 부부가 사는 방식

'가슴을 치며 후회한다'는 말이 참 인상적이네요. 내 주변의 친한 지인이든 지나가는 사람이든, 당신처럼 밝고 환하게 웃어주는 사람이 아내라서 정말 행복하겠다는 말을 자주 듣곤 해요. 늘 곁에 있고, 매일 함께하다 보니 정작 남편인 나는 그 소중함을 잊고 지낼 때도 있었는데, 이렇게 주변 사람들이 당신의 모습을 이야기해 주면, 그제야 새삼 감사한 마음이 들어요. 그리고 그런 당신과 함께 살아가고 있다는 사실이 얼마나 큰 행운인지 느끼게 돼요. 사랑 안에서 서로의 솔직하고 약한 모습도 내어 보이고, 위로받고, 그러면서 점점 단단해져 가다 보면, 언젠가는 더 좋은 '우리'의 모습에 닿아있지 않을까 싶어요. 당신이 늘 하는 말이 있죠. "왜 부부는 서로 반대 성향의 사람끼리 만나는 걸까?" ㅎㅎ 운명이니, 받아들여!_@**준호**

사진 출처: EMK뮤지컬컴퍼니 / Musical Marie Antoinette ⓒ EMK Musical Company 2021
Musical Marie Antoinette ⓒ EMK Musical Company 2019

ㄴ 마리 앙투아네트 밀회 장면 중. 남편을 남편이라고 생각하면 절대 불가능!!!_@소현
ㄴ 무대에서는 완전히 다른 사람이 되는 엄마와 아빠!_@주안
ㄴ 연기에 집중하면 '나'도 내가 아니고 '아빠'도 아빠가 아닌 사람이 되거든!_@소현

ㄴ 동료이자, 부부이자, 세상에 둘도 없는 친구! 남편♡_@소현
ㄴ 힙한 엄빠. 이런 모습도 넘 좋아요!!_@주안

ㄴ 있는 그대로의 모습을 이해하고 사랑해 주는 사이가 됐으면 좋겠다_@소현
ㄴ 나도 저기 있었으면 좋겠다ㅎ_@주안
ㄴ 다음에 같이 꼭 불꽃놀이 보러 가자!_@소현

우리가 살아가는 방식이 프로페셔널하지는 않아도,
누군가에게 위로가 되고, 웃음을 주고, 마음이 닿을 수 있다면…
그것만으로도 충분하지 않을까?
완벽하지 않아도 괜찮다.
그게 바로, 우리가 살아가는 방식이니까.

스페셜 디제이

소소한 일상이라는 선물

라디오 스페셜 DJ 제안이 들어왔다.

그런데 고민이 됐다. 일정도 빡빡했고, 무엇보다 누군가의 빈자리를 대신한다는 건 생각보다 훨씬 더 부담스러운 일이었기 때문이다.

'이걸 수락하면 감수해야 할 것도 많고, 거기다 매일 생방송인데… 과연 내가 잘할 수 있을까?'

게다가 이건 아침 방송! 안 그래도 아들 등교 준비로 분주한 아침이 더 바빠질 게 뻔했고, 저녁 공연이 많은 직업 특성상 일정과 컨디션 조절에 더욱 신경 써야 했다. 매일 2시간 생방송이라는 압박도 있었고, 나는 전문 디제이도 아닌데 멘트는 어떻게 하지? 발음은 괜찮을까? 목소리 톤은? 끝도 없는 걱정이 꼬리에 꼬리를 물었다.
결국, 남편에게 SOS를 쳤다.

"여보 나 어떡해. 나 할 수 있을까…? 어떡하지? 괜찮을까? 나 어떻게 할까?"
"그냥 해."
"그냥 해?"
"그래. 일단 해보면 또 할 만할 거야. 이런 경험 흔치 않잖아."

역시, 매사에 긍정적인 예스맨 남편의 대답을 들으니 언제 고민을 했나 싶을 정도로 빠르게 마음이 정리됐다. 나는 바로 제작진에게 '열심히 해보겠습니다!'라고 답을 보냈다.

드디어 생방송 첫날. 긴장감이 극에 달했다.
혹시나 배탈이 날까 봐 물만 마시고 스튜디오에 들어갔는데, 한 시간쯤 지나니 슬슬 배에서 꼬르륵 소리가 나기 시작했다. 신기하게도 노래가 나갈 땐 조용하다가, 마이크만 켜지면 꾸르륵~ 꾸르르르… 소리가 났다.
'생방송 중에 마이크를 타고 소리가 나가면 어쩌지?'
나는 눈치 없는 배를 한 손으로 꼭 감싸 쥐고 침 삼키는 소리조차 조심하며 방송을 마쳤다.
그렇게 일주일이 지나고, 2주, 3주 차쯤 되니 긴장되긴 해도 아주 조금씩 익숙해지기 시작했다. 여전히 배에서는 꼬르륵 소리가 나고, 'ON AIR'에 불이 들어오면 심장은 터질 것처럼 두근두근했지만 말이다.

아침 방송이라 그런지, 아이를 등교시킨 엄마부터 일터 곳곳에서 하루를 분주히 열고 있는 분들, 버스를 타고 이동하며 잠시 숨 고르는 분들까지— 다양한 분들의 사는 이야기를 들을 수 있었다. 사람 사는 이야기가 이렇게나 다채롭고 다정하다니, 마이크를 통해 동네 골목마다의 공기가 흘러들어 오는 듯했다.

'오늘 하늘 올려다보셨어요? 에메랄드처럼 투명하고 싱그러워졌어요.'
'노랗게 바스락거리는 낙엽길을 밟으며 걸으니 가을이 어느새 끝자락에 다다랐구나 싶어요.'

'햇밤 드셨어요? 고구마 맛이 진하게 밴 게 입안에서 가을이 톡 하고 터지더라고요.'

사연을 읽으며 같이 웃고 울다 보니 문득 이런 생각이 들었다.
'이렇게 소소한 일상의 풍경을 마지막으로 느낀 게… 나는 언제였을까?'

✦ ✦

거리의 나뭇잎 색이 어떻게 변해가는지, 바람이 얼마나 달라졌는지, 여름 지나 가을이 오는 풍경이 얼마나 아름다운지… 아무것도 못 느낀 채 앞만 보고 바쁘게만 살았다는 생각이 들었다. 그런 걸 다 느끼고 있는 사람들의 이야기를 듣고 있자니 마치 나만 딴 세상에 사는 것처럼 느껴지기도 했다. 괜히 마음 한구석이 허전해졌.
'내가 잘 살고 있긴 한 걸까?'

작품을 준비하고, 공연을 하고, 그 안에 몰입하다 보면 일상의 소중함을 잊고 지내게 된다. 가끔은 감성이 과해져서 주변 사람들을 힘들게 할 때도 있고, 그러다 공연이 끝나고 휴지기에 들어가면 마치 인생이라는 무대 위에서 내가 소품처럼 이리저리 옮겨지는 기분이 들기도 한다.

그래서일까. 내가 느끼지 못했던 일상의 감각을 열어두고 살아야겠다는 생각이 든다. 머릿속에 바람 한 줄기쯤은 스며들 수 있게, 계절이 잠깐 앉았다 가는 마음 한편쯤은 남겨두면서.
그래, 그 정도 여유는 내어놓고 사는 게 맞지 않을까.

불이 들어오면 쿵쾅쿵쾅

늘 비슷한 일상 속에서 비슷한 일만 반복하다가, 새로운 일을 마주했을 때의 당신 모습은 참 달라 보였어요. 내뱉는 말은 '걱정'이었지만, 표정에는 '기대감'이 가득했고, 미소가 번지고 있었던 기억이 나네요. 늘 함께 하는 것에도 한결같던 당신. 공연할 때 한 음정, 소품 하나하나도 소중히 다루면서, 같은 사진 같아 보여도 기억에서 사라질까 수없이 찍는 당신을 보면서, 당신은 지금 이 순간을 얼마나 만끽하고 있는지 느낄 수 있었어요. 무얼 하든 어디에 있든, 쓸쓸함보다는 오감의 향연에 만끽하면서 즐기길 바라는 게 내 마음이네요. 사랑하는 아내 소현! 즐기세요! 즐기기만 해도 아까운 인생 아닌가요? 높은 하늘도, 활짝 핀 꽃도, 거울에 비친… 그대 얼굴도 아름답잖소현!_@**준호**

ㄴ 참 많은 것을 배울 수 있었던 시간!_@소현
ㄴ 엄마 근데 왜 마이크가 두 개예요?_@주안
ㄴ 아, 하나는 마이크고, 하나는 목소리를 더 깨끗하게 해주는 팝필터야^^_@소현

ㄴ 저 작은 방에 앉아있으면 또 다른 세상이 펼쳐지는 듯하다!_@소현
ㄴ 엄마 생방송 하느라 떨렸겠다…_@주안
ㄴ 초반엔 정말 심장이 쿵쾅거려서 마이크로 소리가 들어갈까 봐 걱정될 정도였어ㅜ_@소현

┖ 옆에서 많이 애써주신 피디님, 작가님들, 그리고 매일 친구처럼 함께해 주신 청취자분들께 정말 감사했다! 잊지 못할 시간!_@소현
┖ 끝나는 날 아쉬웠겠다 엄마…_@주안
┖ 그랬지… 그간 정도 많이 들어서, 마지막 인사할 때 눈물이 찔끔 났어ㅜ_@소현

:

거리의 나뭇잎 색이 어떻게 변해가는지,
바람이 얼마나 달라졌는지,
여름 지나 가을이 오는 풍경이 얼마나 아름다운지…
아무것도 못 느낀 채 앞만 보고 바쁘게만 살았다는
생각이 들었다.

콜로세움 '무한' 바퀴
돌고 돌아 다시 당신에게로

7월의 이탈리아는 정말 뜨거웠다.

25년 전, 가슴에 뜨겁게 품었던 꿈을 안고 첫발을 내디뎠던 이탈리아.

그곳에서 나는 오페라 가수를 꿈꾸며 레슨에 매진했고, 은은한 무대 조명 아래에서 노래하던 내 모습을 상상하곤 했다. 그때의 나는 젊고 풋풋했으며, 온전히 '나'라는 이름 석 자만으로 미래를 설계하던 시절이었다.

하지만 세월은 흘렀고, 그 꿈은 조금 다른 모습으로 자라났다. 나는 이제 뮤지컬 배우로서 무대에 서고, 한 남자의 아내이자 한 아이의 엄마로서 삶을 살아가고 있다. 한때는 홀로 길을 걷던 청춘이, 이제는 사랑하는 가족과 손을 잡고 다시 찾은 곳이었기에, 이번 이탈리아 여행은 내 인생의 한 페이지를 쓰는 특별한 순간이었다.

무려 40도가 넘는 폭염 속에서도, 이탈리아의 거리는 여전히 관광객들로 북적이고 있었다. 사방에서 들려오는 다양한 언어와 셔터 소리, 태양 아래서도 미소를 잃지 않는 사람들의 모습이 마치 영화의 한 장면 같았다. 땀이 비 오듯 흐르고, 걸을수록 발끝이 욱신거렸지만, 나는 기대에 부푼 마음으로 여행의 마지막 날까지 속도를 늦추지 않았다. 평소 유적지에 관심이 많았던 터라, 이번 여행의 하이라이트이자 마지막 관문으로 콜로세움을 일부러 아껴두었던 것이다.

하지만, 문제는 내 '발가락'이었다. 보고 싶은 것, 걷고 싶은 곳이 너무 많아, 2주 가까운 시간 동안 매일 아침부터 저녁까지 종일 거리를 누비며, 설레는 마음으로 발길이 닿는 곳마다 들렀다. 그리고 그날 남편이 신지 말라고 신신당부했던 높은

웨지힐을 기어이 신고 나선 탓에, 이미 불편하던 발에는 물집이 잡히기 시작했고, 그 물집은 점점 커져서 더 이상은 견딜 수 없을 정도가 되었다.

오전부터 우리는 숨 돌릴 틈도 없이 바티칸 곳곳을 누볐다. 성당 안의 정적과 바깥의 햇빛이 뚜렷하게 대비되던 그 길, 눈앞은 찬란했지만, 몸은 어느덧 진이 빠져있었다. 온몸이 땀으로 흠뻑 젖었고, 점심도 거른 채 5시간 넘게 걸어 다니는 사이, 내 발가락의 물집은 거의 터지기 직전까지 부풀어 올랐다.

그리고 마침내, 꿈에 그리던 콜로세움 앞에 섰을 때— 나는 이미 탈진한 육체에 겨우 정신만 붙들고 서있었다. 간절한 마음으로 자판기를 찾아 헤맸지만, 그마저도 이미 모든 음료가 동이 난 상태. 목은 타들어 가고, 배에서는 허기 소리가 났지만 근처 카페들조차 사람들로 가득 차 아무것도 주문할 수가 없었다. 결국 우리는 얼음물 한 병으로 배를 채운 채, 기진맥진한 상태로 콜로세움 안으로 들어섰다.

그런데— 안으로 발을 들여놓는 순간, 지금껏 흘린 땀과 고통이 잠시나마 잊힐 만큼 콜로세움은 경이롭고 웅장했으며, 마치 시간을 거슬러 들어가는 듯한 압도감이 우리를 감쌌다. 수천 년의 역사가 켜켜이 쌓인 벽돌들 사이를 걸으며 우리는 사진도 찍고, 웃음도 지으며 다시금 여행자다운 모습을 되찾았다.

하지만, 그 뜨거운 햇살 아래, 끊임없이 몰려드는 세계 각국의 관광객들 사이에서 내 체력은 점점 한계에 다다르고 있었다. 그리고 마침내, 콜로세움 경기장 3층까지 아무리 돌아도 출구를 찾지 못하게 됐을 무렵, 나는 지친 목소리로, 남편에게 거의 애원하듯 말했다.
"여보~ 이제 더 못 걷겠어!"
"아이~ 한 번만 더 돌아보자!"
"아니, 여보⋯."
"조금만 더 가보자."
"날도 덥고 힘든데, 언제까지 무작정 걷기만 할 거야, 정말!"

나는 답답한 마음에 '휙' 토라지듯 자리를 떴다. 그런데⋯ 몇 걸음 더 가지도 않았는데 거짓말처럼 1층으로 가는 출구가 있는 게 아닌가.
'남편 말대로 조금만 더 같이 찾아볼 걸⋯.'
그 '조금'을 참지 못한 내가 너무 부끄러웠다.

'내가 왜 그랬을까?'

남편 말에 짜증을 낸 것도 민망하고, 혼자 토라져서 나온 것도 창피했다.
'나는 왜 이렇게 감정적일까? 순간 기분을 왜 못 참는 걸까?'
더군다나 여행지까지 와서 이런 못난 모습을 보이다니, 나 자신이 정말 한심하게 느껴졌다.

✦ ✦

가끔은 남편과 나 사이가 서울과 로마만큼 멀게 느껴질 때가 있다. 같은 걸 보고도 서로 다르게 말하고, 결국엔 같은 말인데도 다르게 들려서 거리감이 느껴진다. 그럴 땐 정말 '너무 먼 당신' 같다! 알고 보면 몇 발짝 거리에 답이 나오는데 왜 그 순간은 그렇게 멀게만 느껴지는 걸까.

이제 그럴 때마다 로마 콜로세움을 떠올리기로 했다. 조금만 참고, 상대의 마음 편에 서서 딱 한 걸음만 더 가보는 거다! 그러다 보면 어느 순간 이해가 되고, 오해가 풀리는 지점이 보이지 않을까?

돌고 돌아 늘 제자리인 부부 관계도 결국엔 몇 걸음만 더 인내하면, 예상치 못한 출구를 만날 수 있을 테니 말이다. 그러니, 오늘도 마음속으로 되뇌어 본다.
'자, 조금만 더 걸어볼까?'

가깝고도 먼 당신

함께한 세월만큼, 함께한 여행의 횟수도 이제 제법 되네요. 그만큼 추억도 많고, 어떤 나라는 그 이름만 들어도 그곳에서의 다툼이 자연스레 떠오르곤 해요. 공항에 가면, 이제 훌쩍 자라 짐을 끌고 성큼성큼 앞서가는 주안이가, 갑자기 멈춰서 뒤를 돌아보며 "이번에는 몇 번 싸울 거예요?"라고 묻던 모습이 떠올라 나도 모르게 웃음이 새 나와요. 그럼 우리는 늘 그랬듯, 서로를 꽉 안으며 "이번엔 절대 안 싸울 거야!"라고 하며 한바탕 웃고는 여행을 시작하죠. 하지만 이번 이탈리아 여행도 결국 진한 에피소드 하나를 남기고 돌아왔네요. 조금은 아쉽고 서운할 때도 있지만, 돌이켜 보면 참 미안해지는 마음이 드는 사이. 그게 바로 부부가 아닐까 싶어요. 그래도 '다음엔 그러지 말아야지' 하고 다짐해 보는 우리, 서로 이해하는 우리라서 참 감사할 뿐이에요. 내 마음도 그래요._@**준호**

ㄴ 이거 찍으려고 새벽에 일어난 우리…_@주안
ㄴ 맞아! 이때만 해도 엄마 참 쌩쌩했는데… 밀라노 대성당에서!_@소현

ㄴ 문제의 그날! 콜로세움 갈 생각에 한껏 들떴던 나. 바티칸에 막 도착해서 일정을 시작했던, 에너지 충만했던 아침!_@소현
ㄴ 오후의 일은 상상도 못했던 평온한 아침이었지! 크흐^^_@주안

└ 몇 걸음도 안 가서 출구가 나와서 어찌나 민망하던지… 둘이 내려와서 만나니까 할 말이 없더라. 미안…^^;_@소현
└ 엄마 선글라스 아래로 내려온 두 줄기 눈물…_@주안
└ 흐엉… 보였니?_@소현

ㄴ 언제나 가깝고도 먼 남편_@소현

ㄴ 이건 '가까운 날'로 보여 엄마ㅋㅋ_@주안

ㄴ 딩동댕동!!!_@소현

조금만 참고, 상대의 마음 편에 서서
딱 한 걸음만 더 가보는 거다!
그러다 보면 어느 순간 이해가 되고,
오해가 풀리는 지점이 보이지 않을까?

뉴스 보셨어요?

아무리 바빠도 빼놓지 않는 일

아빠는 나에게 공부를 강요하지 않으셨지만, 신문 사설은 꼭 정독하라고 가르치셨다. 그래서 나는, 아빠 말씀대로 사설을 오려 노트에 붙이고, 그 옆에 내 생각을 적어두는 습관을 들이게 됐다.

어릴 때부터 몸에 밴 습관 때문인지, 세상 돌아가는 일을 모르고 있으면 불안하다. 물론 안다고 해서 모든 상황에 대비할 수 있는 건 아니지만, 적어도 알고 있어야 마음이 놓인다.
아침에 눈을 뜨자마자 날씨부터 확인하고, 신문사별 헤드라인을 훑는다. 정치·경제·세계·사회면 순서로 밤사이 올라온 기사들을 정독한다. 예전엔 경제면과 세계면을 꼼꼼히 읽었지만, 주안이가 크고 부모님이 연로해지시면서 사회면과 건강 섹션도 챙겨 보기 시작했다.

얼마 전에는 서울에 큰 싱크홀이 났다는 기사를 읽고, 친정 부모님과 시부모님께 기사 링크를 보내드렸다.
'**동, **동 도로에 싱크홀이 발견됐대요! 조심하세요!'
또 시부모님 댁 근처 교각이 무너졌다는 뉴스도 보고 깜짝 놀라 바로 연락드렸다.
'어머님! 뉴스 보셨어요? 놀라셨죠?'

내가 뉴스에 더 적극적으로 관심을 가지게 된 건 코로나가 한창일 때부터였다.
학교 수업이 멈추고 집에서 온라인 수업만 하던 그때, 나는 다들 노는 줄 알았다. 우리 아들처럼 말이다.
그런데 주안이 친구들은 저마다 방법을 찾아 꾸준히 공부했고, 학부모들은 집에서 할 수 있는 학습 대안을 찾느라 바빴다. 그때 비로소 깨달았다. 우물 안 개구리가 얼마나 위험한 지를.

'나만 빼고 다 아는 세상'에 놓인 듯한 소외감이 꽤 큰 충격으로 다가왔다. 그날 이후, 세상 돌아가는 이야기에 더 귀 기울이기 시작했다.

◆ ◆

두루두루, 넓고 얕게라도 정보를 알고 있는 것이 결국 나와 내 가족을 지키는 길이라 믿는다. 세상을 다 바꿀 순 없지만, 빠르게 변하는 흐름 속에서 우리 가족을 보호하려는 내 나름의 애정 표현이다.
"주안아, 오늘 뉴스 봤니?"
"엄마, 이거 봤어요?"
오늘도 나는 사랑하는 가족을 위해 열심히 기사를 전한다.

나와 내 가족을 지키는 일 = 기사 정독

우리의 아침 인사는 어느 순간부터 "여보! 대박! 이거 알아?"로 시작하게 됐잖아요. 글을 읽고 나서야, 당신이 어떤 마음으로 뉴스를 보고, 그 소식을 나와 주안이, 그리고 가족들에게 전했는지 정확히 알게 되었어요. 처음엔 나도 화들짝 놀라거나 급 관심을 보이며 당신 말에 장단을 맞추며 소식을 접하곤 했는데, 그럴수록 당신이 더 열정적으로 파고드는 게 느껴지더라고요. 그래서 나도 모르게 당신의 목소리 톤이나 몸짓의 강도에 따라 내 반응을 조절하게 되었고, 그게 지금 생각해 보면 내 나름대로 '변한 부분'이 맞는 것 같아요. 아직도 우리를 웃게 만드는 에피소드가 있잖아요. 진돗개 발령 뉴스를 듣고는 내가 깰 때까지 기다리다가 내 얼굴을 보자마자 "여보! 뉴스에서 독수리 발표했는데, 그게 뭐야? 당신 군대 갔다 왔잖아!" 했던 거. 그건 아직도 우리 최고의 웃음 벨이잖아요. 늘 가족을 사랑하는 마음에서 당신의 모든 행동이 시작된다는 걸 알고 있어요. 그게 참 감사하고, 사랑스럽네요. 고맙습니다._@**준호**

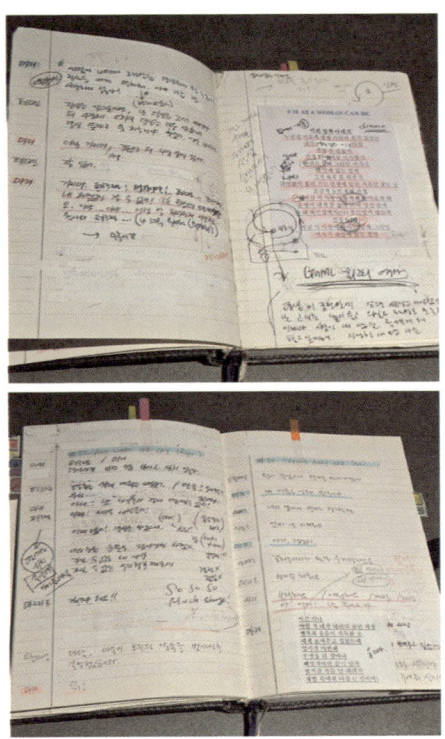

ㄴ 어렸을 때의 스크랩하던 습관은 배우가 됐을 때도 큰 도움이 됐지!《마리 앙투아네트》때 스크랩 노트. 중요한 대사나 가사를 스크랩해 깨알같이 메모한 흔적_@소현
ㄴ 엄마 수첩 대단하다! 난 수첩 만들기 싫은데…ㅎㅎ_@주안
ㄴ 엄마가 해보니 정리하면서 외우고 복습하는 게 제일 효과적이더라고^^ 그렇지만 시대가 변했으니 너만의 방식을 한번 찾아봐^^_@소현

두루두루, 넓고 얕게라도 정보를 알고 있는 것이
결국 나와 내 가족을 지키는 길이라 믿는다.
세상을 다 바꿀 순 없지만, 빠르게 변하는 흐름 속에서
우리 가족을 보호하려는 내 나름의 애정 표현이다.

아빠와 소금

스스로 낫게 하는 힘

아빠는 신장내과 의사다. '싱겁게 먹기의 대가'로도 잘 알려져 있다.

가족 건강에 예민하신 아빠는 금주를 실천하시고, 지금도 식단을 철저히 관리하며 건강을 챙기신다. 언제부턴가 건강 노트를 만들어 매일 일기 쓰듯 그날의 컨디션을 기록해 오셨고, 지금까지도 꾸준히 이어지고 있다. 노트엔 아침 체중부터 오늘 먹은 음식, 혈당 수치까지 빼곡히 적혀있다. 아빠의 이런 꾸준함에 감탄할 때가 한두 번이 아니다.

어릴 적 아빠는 항상 책을 읽거나 뭔가를 적고 계신 모습이 대부분이었다. 항상 책상에 앉아계셨고, 시간을 허투루 쓰시는 걸 본 적이 없다. 우리 삼 남매가 자연스럽게 책 읽는 습관을 갖도록 침대 옆에 늘 책을 놓아두셨고, 공부하라는 잔소리 대신 "책 좀 읽어라"라는 말씀을 자주 하셨다. 덕분에 나는 TV 대신 독서를 즐기며 자랐다.

아빠는 면역력 키우기에도 남다르셨다.
한겨울, 내복을 입지 않게 하는 것으로 몸의 치유력을 키워주려고 애쓰셨다. 그렇다고 집에 난방을 빵빵하게 트셨던 것도 아니고, 그저 냉기만 없게 적당한 온도를 유지하셨다. 덕분에 나는 지금까지도 내복 없이 겨울을 잘 나고 있다!
감기에 걸리면 보리차를 팔팔 끓여 수시로 먹이셨고, 열이 나면 독한 약 대신 보리차에 설탕을 타 마시게 하셨다. 아빠는, 몸이 스스로 나을 수 있도록 힘을 길러주고 싶었던 거다.

아빠는 늘 우리에게 강해져야 한다고 말씀하셨다.
몸과 마음이 건강해야 세상을 헤쳐나갈 힘이 생긴다고. 그 가르침대로 나는 스스로 강해지려 애썼다. 어려운 일이 닥치면 늘 혼자 해결하려 했고, 두 동생을 지켜야 한다는 생각에 든든한 장녀가 되기 위해 애썼다. 부모님의 사랑을 받고 싶어서 더 열심히 딸 노릇을 했고, 꿈을 이루기 위해 온 힘을 쏟았다. 그러다 보니 정작 나를 돌보는 데는 소홀해졌고, 마음의 면역력이 약해져도 아프지 않은 척, 힘들지 않은 척하다 결국 병이 나기도 했다.

몇 년 전 공연 연습 중 숨이 제대로 쉬어지지 않았다. 머리가 어지럽고, 숨이 막혀서 정말 죽을 것 같았다. 부모님께 말씀드리면 걱정하실까 봐 아무에게도 말하지 않고 병원을 찾았다. 검사 결과 몸에는 아무 이상이 없다고 했다. 병명도 없고 원인도 알 수 없단다. 지금 생각해 보면 공황장애였던 것 같다.

당시엔 흔치 않은 증상이라(아마 많은 사람이 겪었어도 병명을 몰랐을 거다) 덜컥 겁이 났다. 이러다 큰 병으로 번지는 게 아닐까 두려웠다. 원인을 모르면 치료법도 없으니 말이다.
그때부터 나는 조금씩 나를 편하게 해주는 연습을 시작했다.

"괜찮아, 다 괜찮아질 거야. 아무 일도 없었던 거야. 나는 다시 원래대로 돌아갈 거야."

"더 잘하지 않아도 되고, 최선을 다하지 않아도 괜찮아."

그렇게 스스로를 다독이다 보니, 신기하게도 증상이 조금씩 나아지기 시작했다. 실수 없이 잘해야 한다는 강박도 조금씩 사라졌다. 최선을 다하되 결과는 내려놓고, 내가 할 수 없는 일은 걱정하지 않으려 노력했다. 물론 쉽진 않았지만, 그렇게 마음먹고 자연스럽게 흘러가도록 놓아두기로 했다.

생각해 보니, 아빠의 '싱겁게 먹기 운동'에도 이 '자연스러움'의 메시지가 담겨있는 것 같다.
어떤 요리든 재료 본연의 맛을 살리는 게 우리 몸에 가장 좋다는 뜻이니까.
나는 아빠 말씀대로 고기는 양념하지 않고 삶은 채로, 채소는 날것 그대로, 최대한 재료 본연의 맛과 향을 살려 준비한다. 주안이와 남편도 잘 먹는 편이다.

✦ ✦

음식도 인생도 제맛이 나려면 자연스러워야 하는 것 같다.
본연의 맛을 살려 가장 나답게.

풀어지고 싶을 땐 온몸이 늘어지게, 긴장할 땐 고삐를 단단히
조일 줄 알아야, '사는 맛'이 나지 않을까?
있는 그대로, 본연의 모습으로.
일상의 활력을 찾는 비법이 여기에 있지 않을까 싶다.

인생은 날 것 그대로

처음 이 글을 읽었을 때와, 조금 시간이 지나 지금 다시 읽는 이 순간의 느낌이 참 다르네요. 며칠 전, 내가 당신에게 이런 메시지를 보냈던 거 기억나요? '너무 혼자 짊어지고 힘들어하지 말아요. 당신은 충분히, 혼자서도 정말 대단하게 잘해왔고, 고생했어요! 당신을 아끼고 소중히 여기는 사람들, 그 커리어에 존경과 사랑을 보내는 사람들 곁에서, 같이 누리면서 함께 나아가요. 같이 해요, 같이!' 우리가 함께한 시간이 비록 당신이 혼자였던 시간보다 훨씬 짧을지 몰라도, 당신이 기억하지 못하는 유년기를 빼고, 부모님의 보살핌 아래에 있었던 시기를 제외하고 나면, 지금 우리가 함께하고 있는 이 시간이, 당신 안에 가장 깊고 진하게 배어있는 시간이 아닐까 싶어요. 이제 당신다운 자연스러움은, '우리가 함께 있을 때 나오는 지금 이 순간의 모습이 아닐까' 하는 생각이 드네요. 있는 그대로, 본연의 당신 모습으로._ @**준호**

┖ 할아버지는 관리왕!_@주안
┖ 관리왕 할아버지 노트는 어디로 갔을까… 잃어버려서 다시는 볼 수 없는 노트ㅜ 돌아와 돌아와… _@소현

┖ 아빠의 삶은 나의 인생 교과서가 되었다. 아빠! 존경합니다!_@소현
┖ 닮았다!!!_@주안
┖ 그치? 너도 할아버지 많이 닮았어ㅎㅎ_@소현

최선을 다하되 결과는 내려놓고,
내가 할 수 없는 일은 걱정하지 않으려 노력했다.
물론 쉽진 않았지만, 그렇게 마음먹고
자연스럽게 흘러가도록 놓아두기로 했다.

엄마와 음악

무엇이든 해내게 만드는 마법

오랜만에 친정 식구들과 저녁 식사를 함께했다.

가족들이 모이면 대화의 끝은 늘 주안이 이야기로 흐른다. 그럴 때면 은근한 언쟁이 붙곤 한다. 주안이의 교육이 과하다는 엄마의 생각과, 이건 보통 수준이라는 내 입장이 자꾸 충돌하는데, 그럴 때마다 참 억울해진다. 요즘 사교육은 예전 치맛바람 엄마들의 과잉교육과는 좀 다르기 때문이다.

많은 부모들이 자녀 교육에 열정을 쏟고 조기교육을 중시하다 보니, 학원을 병행하지 않으면 학교 수업을 따라가기가 쉽지 않다는 이야기도 들린다. 하지만 엄마는 여전히, 자신이 우리를 키웠던 방식대로, 내가 주안이를 키우길 바라신다.

엄마는 나를 학원 한 곳도 안 보내고 키우셨다. 물론 그 시대 대부분의 부모들이 그랬지만, 엄마는 공부보다 더 중요한 게 많다고 생각하셨다. '놀 땐 실컷 놀아야 하고, 공부보다 감수성과 인성이 먼저'라고, 책 읽기의 중요성을 늘 강조하셨다.

엄마는 시험 성적표를 들고 닦달한 적도 없고, 공부도 인생도 각자의 몫이라 믿으셨다. 스스로 선택하고 책임지는 법을 몸소 보여주셨다.
그 가르침은 부모님이 걸어온 길, 그 '과정'에서 비롯된 거다.

우리 부모님은 결혼 후 여의도 이모네 단칸방에서 신혼살림을 시작하셨다.
모아놓은 재산 없이 숟가락 젓가락 하나씩 들고 시작해 지금까지 가정을 꾸려오셨으니, 근검절약이 몸에 밸 수밖에 없었다.
아빠는 늘 검소한 삶을 보여주셨고, 용돈도 넉넉하게 주신 적이 거의 없었다.
형편이 조금 나아져도 변하지 않으셨다.

내가 초등학교 4학년 때 아빠가 미국 교환교수로 떠나면서 2년간 미국에서 살았는데, 그때 엄마도 대학원을 다니느라 경제 사정이 녹록지 않았다.

한번은 차를 타고 타주로 이동하던 중, 아빠가 갑자기 5성급 호텔 앞에서 차를 멈추셨다.
나는 '우와! 여기서 우리 밥 사주시려는 건가?' 반짝이는 눈으로 동생들에게 눈짓을 하며 속으로 외쳤다. 그런데 뜻밖에도, 아빠는 이렇게 말씀하셨다.
"자, 얼른 손 씻고 나오렴!"
기대가 한순간에 풍선처럼 쪼그라들었다.
우리 삼 남매는 아쉬운 얼굴로 호텔에 들어가 손만 씻고 나왔다.

화려한 음식점에서 비싼 밥을 먹은 기억은 별로 없지만, 우리는 매주 교외로 나가 옥수수밭에 차를 세우고 작은 음악회를 열곤 했다. 엄마, 나, 여동생이 함께 노래 부르던 그 시간이 참 행복했다. 가끔 전기밥솥에 쌀, 달걀, 고추장, 김치를 넣어 공원에서 밥을 지어먹기도 했는데(당시 미국 공원에는 콘센트가 있어서 취사가 가능했다), 그게 또 별미였다.

부모님은 나에게 '과정'의 가치를 보여주셨다.

적성을 찾아가는 과정, 독서의 즐거움을 깨닫는 과정, 실패를 딛고 일어서며 끈기를 배우는 과정. 그 과정 속에서 세상에 거저 얻어지는 건 없다는 걸 알게 해주셨다.

엄마는 바쁜 일상 속에서도 학교 강의, 성악 레슨, 육아와 살림을 병행하며 우리를 키우셨다. 그 모습을 보며, 또 음악을 배우러 오던 언니들을 보며, 나는 자연스레 '꿈을 향해 성실히 노력하는 삶'을 배웠다. 그게 대단한 게 아니라, 당연히 그렇게 살아야 하는 거라고 믿었다.

그리고 고2 때, 나는 엄마가 사주신 〈라보엠〉 CD를 듣고 성악가가 되기로 결심했다. 엄마가 17년간 가르치시던 걸 옆에서 보며 배워서였을까. 그 선택은 내게 자연스러운 일이었다. 엄마는 내가 성악을 하겠다고 했을 때 부담 주지 않고 묵묵히 응원만 하셨다. 덕분에 나는 잘하고 있는지 몰라도, 그 길을 운명처럼 받아들였다.

✦ ✦

무엇이든 해내게 만드는 마법, 그건 바로 부모님이 가르쳐 주신 '하나씩 쌓아 올리는 과정'에 있지 않을까 싶다.

왜 공부해야 하는지, 왜 배워야 하는지. 심지가 곧은 사람이 되는 게 먼저라는 사실. 시대가 아무리 변해도 이건 잊지 않으려 한다.

주안이 교육 문제로 엄마와 의견이 부딪힐 때마다 다시 한번 되새기게 되는 이유다.

욕심부리지 말고, 천천히, 하나씩, 차근차근.

부모님이 살아온 그대로, 내가 살아온 그대로, 내 아들도 그렇게 자라길 바란다.

지금의 나를 있게 해준 〈라보엠〉

항상 가까이에서 당신의 노력들을 보고 있어요. 학교에서, 학원에서 쏟아지는 피드백을 받아 들고는 부모의 심정으로 "이렇게 했으면 좋겠는데…." 나에게 한바탕 쏟아내다가도, 저 멀리서 주안이가 걸어오는 모습이 보이면 혼자 다짐을 하는 건지, 나 들으라고 하는 건지, "주안이한테는 아무 말도 하지 말아야지!" 하고는 환한 미소로 두 팔 벌려 주안이를 맞이하잖아요. 그러고는 이것저것 수다 삼매경에 빠져드는 당신의 모습을 매일같이 보고 있어요. 늘 좋은 것만 주고 싶고, 나보다 더 잘되길 바라는 부모의 마음을 당신과 나누면서 아이를 키우다 보니, '정답은 뭘까?' 고민하는 이 오묘한 시간이 고통스럽기도 하지만, 동시에 참 행복하다는 생각이 드네요. 당신 마음에, 내 마음에, 우리 마음에 완벽히 딱 들어맞는 교육의 해답은 없지만, 그래도 이렇게 주안이가 잘 자라고 있는 걸 보면, 그게 얼마나 감사하고 기쁜 일인지 몰라요. 참 행복하지요?^^_@준호

ㄴ 대학원 졸업 사진. 삶의 지혜를 늘 몸소 보여주신 부모님 덕에 지금의 꿈을 이룰 수 있게 되었다. 사랑해요. 엄마 아빠!_@소현
ㄴ 나도 엄마, 아빠처럼 더 열심히 노력할게요! 이제 대학 입학까지 겨우 5년밖에 남지 않았다니, 믿어지지 않기도 하고… 기대도 되는 거 같아요!_@주안

ㄴ 바쁜 엄빠지만 건강하고 밝고 씩씩하게 잘 자라주어 고마워 주안아!_@소현
ㄴ 만져보고 싶다 내 볼살…_@주안
ㄴ 엄청 귀엽지?_@소현

└ 1996년, 〈라보엠〉 악보. 오페라 〈라보엠〉은 지금의 나를 있게 해준 보물과 같은 작품이다!_@소현

└ 나 태어나기 18년 전이잖아!!! 와~_@주안

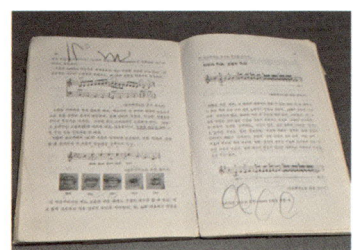

└ 위에 있는 건 엄마가 보시던 발성 책. 내가 낙서한 흔적이 있다. 아래 사진은 내 노트에 주안이가 해놓은 낙서. 낙서도 똑 닮았다!_@소현

└ 똑같네, 똑같아!!! 유전의 힘!_@주안

└ 주안이가 아기였을 때, 내가 공부하고 있으면 옆에 와서 놀아달라고 조르다가 지쳐서 잠들곤 했던 게 생각난다. 그때 좀 더 많이 놀아줄 걸…ㅜ_@소현

┖ 나에게 꿈을 심어주신 엄마는 나의 롤 모델이다. 내 인생 선생님이자 음악 선생님┖_@소현
┖ 엄마가 할아버지를 닮은 줄 알았는데 할머니를 더 닮았네요?_@주안
┖ 그치? 얼굴은 할아버지 닮았는데 표정이나 웃음 이런 건 또 완전 할머니 판박이 같다는 얘기 많이 들었어^^_@소현

┖ 엄마, 아빠 대학교 졸업식 때 사진!_@소현
┖ 이게 할아버지, 할머니라고요? 엄마랑 외삼촌인 줄 알았네!!!_@주안

적성을 찾아가는 과정, 독서의 즐거움을 깨닫는 과정,
실패를 딛고 일어서며 끈기를 배우는 과정.
그 과정 속에서 세상에 거저 얻어지는 건 없다는 걸
알게 해주셨다.

숨구멍이 필요해

취미가 필요해?

어느 날, 자주 이용하는 온라인 쇼핑몰 장바구니를 슬쩍 들여다봤다.

그런데 생전 처음 보는 '시거잭(?)'이라는 물건이 떡하니 담겨 있었다. '이게 뭐지?' 궁금해서 검색해 봤더니, 오토바이에 쓰는 거라나?

'오토바이…?'
심장이 철렁 내려앉았다. 너무 놀라 시어머니께 바로 전화를 걸었다.

"어머니! 준호 씨가 저 몰래 오토바이 타고 있었나 봐요!"
어머니도 나만큼이나 깜짝 놀라셨다. 그리고 우리는 단숨에 의기투합했다. 어떻게든 이 일을 막아야 한다는 사명감 하나로!

사실, 오토바이가 얼마나 위험한지는 내가 누구보다 잘 안다. 예전에 남편과 함께 공연 게스트로 초대된 적이 있었는데, 교통체증 때문에 도저히 시간 내에 도착할 수 없는 상황이었다. 급한 마음에 지인에게 오토바이 한 대를 빌렸다. 남편이 운전하고, 내가 뒤에 탔는데… 출발하자마자 손에 땀이 나기 시작했다. 차가 곁을 스쳐 지나갈 때마다, 언제 휙 넘어질까 심장이 쿵쾅거렸다. 가는 내내 아찔한 순간의 연속이었고, 그날 이후 난 남편에게 두 손 모아 약속을 받아냈다. 다시는 오토바이를 타지 않겠다고!

✦ ✦

남편을 기다리는 시간은 유난히 더디게 흘렀다.
배신감에 화가 머리끝까지 차올랐고, 저녁밥 생각도 나지 않았다.
늦은 밤, 남편이 들어오자 나는 곧바로 소파에 앉혀놓고 물었다.

"여보, 나 몰래 오토바이 타고 다녀?"

"으응?"

당황한 기색이 역력했지만, 애써 태연한 척했다.

"모르는 척하지 마. 다 봤어. 시거잭."

"아~ 그거? 그냥 검색만 해본 건데, 왜 장바구니에 들어갔는지 모르겠네?"

그럴 리가. 나는 꾹 참았다.
그냥 넘어가면서도, 언젠가는 스스로 진실을 털어놓길 바랐다. 그리고 며칠 동안 시치미를 떼던 남편은, 결국 나의 집요한 추궁을 이기지 못하고 자백했다.

"어! 샀지! 오토바이! 우리 연애할 때 같이 타고 다녔잖아. 10년 넘게 참고 고민하다가 산 거야. 위험하게 탈 것도 아니고, 그냥 너무 갖고 싶어서 산 거라고!"

거기까지 듣고는 나도 더 이상 참을 수 없었다.

"그래? 그 오토바이 내 눈에 보이기만 해봐. 망치로 부숴버릴 거니까!"

그날 이후, 오토바이는 우리 부부 싸움의 단골 주제가 되었다.
"아직도 오토바이 타고 다니는 거야?"
"그냥 세워놓기만 했지. 타지도 못 한다."
"그럼 팔아야지. 아깝게 왜 세워놓기만 해?"
그러자 남편은 생각지도 못한 대답을 했다.
"그게 내 유일한 숨구멍이니까. 그냥 거기 있는 것만으로도 위로가 된다고."

숨구멍이라니…!
누가 들으면 내가 남편 숨통을 꽉 막는 줄 알겠다. 억울했다. 남편의 숨구멍은 오토바이뿐만이 아니었다. 골프도 치고, 친구들도 만나고, 일도 취미처럼 즐기는 스타일이라 하루하루 행복한 에너지가 들숨날숨으로 가득하다.

그에 비해, 내 삶은… 무미건조하다.
누가 "취미가 뭐예요?"라고 물어오면 할 말이 없다. 나에게 취미는 사치처럼 느껴진다. 시간도 없고, 설령 시간이 나더라도 그보다 더 중요한 '무언가'를 고민하느라 온전히 몰입하지 못할 것이 뻔하다.

그런데 요즘 들어 생각이 바뀌고 있다.

주안이가 대학에 들어갈 시기가 다가오면, 나에게도 숨구멍이 필요하지 않을까 싶다. 다른 사람들처럼 나에게 딱 맞는 취미 하나쯤은 있어야 하지 않을까?

그때 가서 허둥대지 않으려면, 지금부터라도 '잘할 수 있는 무언가'를 찾아두는 게 낫겠다 싶다.

✦ ✦

얼마 전 주안이가 영재교육원에 합격했는데, 그곳에서 '자신의 장점이 무엇이냐'는 질문에 주안이가 이렇게 답을 했다고 한다.

"저는 긍정적인 사람입니다."

그 얘기를 듣는 순간, 마음이 놓였다. 그리고 남편을 쏙 빼닮은 아들이 고맙게 느껴졌다. 역시나 남편은 자랑스레 말했다.

"날 닮아서 좋구만!"

…휴. 머리가 지끈거린다.

심신 수련이나 시작해 볼까? 요가도 좋고, 명상도 괜찮고. 아니면 혼자만의 디저트 먹방이라도….
지금 숨구멍이 제일 필요한 사람은 바로 내가 아닐까 싶다.

상상 속의 오토바이

오토바이…ㅎㅎ. 이 정도면 광고가 아닌가 싶네요. 우리나라에서 오토바이를 타시는 분들이 나를 본 적이 없는데, 모두가 나를 오토바이 타는 사람으로 알고 계실 것 같은 기분이 들어서 좋네요? 사랑하는 소현 씨~ 오토바이를 몰래 구입을 한 거 자체가 큰 잘못이라는 거 잘 알고 있습니다. 하지만 그걸 제가 막 타고 다니고, 그래서 당신이 매일 불안에 밤잠을 설치고… 그거 아니잖아요. 3년이 넘었는데… 500km밖에 안 탔다니까요. 새 거예요. 그냥 세워만 둔 거예요. 네… 숨구멍이 필요하네요….^^ 으하하^^._@준호

다른 사람들처럼 나에게 딱 맞는
취미 하나쯤은 있어야 하지 않을까?
그때 가서 허둥대지 않으려면,
지금부터라도 '잘할 수 있는 무언가'를
찾아두는 게 낫겠다 싶다.

일상의 기적을 만드는 법
새로운 나를 발견하는 용기

얼마 전에, 세상에 이런 일이 있었다.
지방 공연을 마치고 서울로 돌아오는 KTX에서 나도 모르게 잠이 깊게 들어버린 것이다!
이동하는 기차나 차 안에서는 보통 대본을 보거나 핸드폰을 보곤 하는데, 어쩐 일인지 그날은 눈을 감자마자 잠에 빠져버렸다.

누군가가 나를 흔들어 깨우는 소리가 들렸다.
"종점입니다! 내리셔야 해요!"

'헉! 여기가 어디지?'

최종 목적지에 도착할 때까지 사람들이 다 내리는 줄도 모르고 자고 있었던 나를, 승무원이 친절히 깨워주었다.

화들짝 놀라 정신이 번쩍 든 나는, 가방을 챙겨 들고 출구를 향해 허둥지둥 걸어갔다(열차 간 문은 죄다 잠겨있고, 딱 한 군데만 열려있었다!). 나오면서 나와 비슷한 처지의 승객 두어 명을 만났다. 세상모르게 잠에 빠져있던 그분들도 역시, 역무원의 다급한 목소리에 정신을 차린 듯, 당황한 얼굴로 내 뒤를 따랐다. 그렇게 '잠 동지' 세 명은 꼴찌로 열차를 빠져나와, 각자의 길로 뿔뿔이 흩어졌다.

'세상에! 내가 잠을 자느라 기차에서 내리는 것도 깜빡하다니!' 싶어서 웃음이 났다.

집에 오는 내내 생각했다. 평소엔 잠자리가 조금만 불편해도 뒤척이고, 집에서도 겨우겨우 잠드는 나인데… 어떻게 기차 안에서 그토록 깊은 잠에 빠졌을까?

문득 떠오른 게 하나 있었다. 바로 '커피'였다.

맞다, 커피를 안 마셨다.

며칠 전부터 커피를 끊었더니, 잠이 찾아왔다. 전날 밤에도 몇 시간 내리 잠들었고, 이날도 KTX 안에서 누가 업어가도 모를 정도로 잠에 빠져들었다.

나는 원래 잠이 많지 않은 편이다. 게다가 잠을 충분히 잘 수 없는 환경에 놓이다 보니, '어쩔 수 없이 나는 쪽잠 체질인가 보다…' 하고 체념하게 됐다. 스트레스라도 줄여보려고 애썼지만, 특별한 변화는 없었다.
그런데, 큰맘 먹고 며칠간 커피를 끊으니, 아무 소리도 듣지 못할 만큼 깊게 잠이 든 것이다.

결혼 전에 남편에게 불면증 얘기를 털어놓은 적이 있다. 그땐 그게 꽤 심각한 고민이었다. 혹시 결혼 후에도 내 잠 문제가 남편에게 불편을 주진 않을까 걱정이 컸다. 그런데 그 걱정은, 신혼 첫날 완전히 사라졌다. 아무도 깨울 수 없을 만큼 깊이 잠들어 버렸기 때문이다.
남편은 자는 내 모습을 동영상으로 찍어 다음 날 보여줬다.
"불면증이 벌써 사라졌나 본데? 불면증 있었던 게 맞아?"

마음이 편해져서 그런가, 안정감을 느껴서 그런가. 어쨌든,

나는 결혼 후 한동안 불면증 없이 잠을 잘 잤다.

✦ ✦

'나는 예민해서 잠을 잘 못 자는 사람이야.'
'나는 잠과 별로 친하지 않은 사람이야.'
이렇게 나를 규정해 왔던 게, 다름 아닌 '나 자신'이었다는 걸 새삼 깨달았다.

풀리지 않을 것 같던 문제가 의외로 간단히 풀릴 때도 있고, 엉뚱한 데서 힌트를 얻어 단번에 해결되기도 하는데, 나는 그런 가능성들이 늘 '남의 얘기'라고만 생각했다. '지금까지 그래왔으니까 앞으로도 계속 그럴 거야'라는 생각으로, 스스로를 단단하게 가뒀던 것 같다.

그런데 살다 보니, '변수'란 게 생긴다. '나는 절대 그렇지 않아'라고 생각했던 순간에, 예외가 등장한다. 나이를 먹으면서 이런 상황을 더 자주 마주하게 된다. 그럴수록 나를 틀에 가두지 말아야겠다는 다짐이 더 깊어진다.

'절대'라는 말도, 함부로 써선 안 되겠다. 언제든, 어떤 가능성도 받아들일 수 있는 마음. 그 자세가 있어야 일상의 기적도 슬며시 찾아오지 않을까 싶다.

정말이지… 세상일, 끝까지 모르는 거다!

그래도 커피가 좋은데 T

대나무 같을 것 같은데 알고 보면 갈대 같고, 도도하고 차가울 줄 알았는데 밝고 따뜻한 반전 매력을 지닌 사람. 그게 바로 당신인 것 같아요. 요즘 방송에 나가서 "저 재밌거나 웃긴 사람 아녜요!"라고 해놓고 혼자 꺄르르 웃으며 주변까지 환하게 만드는 당신을 보면, 그 모습마저 참 재밌고 사랑스러워요. 당신의 글과 내 글을 나란히 놓고 보면, 정말 당신이란 사람… '뻥쟁이'가 아닌가 싶은 생각이 자연스럽게 드네요. 세월이 흐를수록 익숙한 것에만 머물게 되고, 해오던 방식에 고집을 부리기 쉬운데, 당신은 어떤 가능성도 받아들일 수 있는 마음과 태도를 여전히 지니고 있다는 마지막 글귀가 깊이 와닿았어요. 그래서 나도 주안이도, 당신 곁에 있을 때 제일 편하고, 그래서 더 머물고 싶은가 봐요. 우리도 그렇게요._@준호

풀리지 않을 것 같던 문제가 의외로 간단히 풀릴 때도 있고,
엉뚱한 데서 힌트를 얻어 단번에 해결되기도 하는데,
나는 그런 가능성들이 늘 '남의 얘기'라고만 생각했다.
'지금까지 그래왔으니까 앞으로도 계속 그럴 거야'라는 생각으로,
스스로를 단단하게 가뒀던 것 같다.

고기=밥 vs 고기=반찬
가정의 평화를 위한 궁합

나랑 남편의 입맛은 정반대다!

남편은 완전 육식파인 반면, 나는 아무리 이것저것 먹어도 밥이 들어가야 속이 편한 밥순이다. 게다가 남편은 아이스크림이랑 라면 같은 인스턴트도 즐기지만, 나는 웬만해선 잘 안 먹는다(과자 빼고는^^;).

결혼 후, 이런 남편 덕(?)에 나는 고기와 라면의 참맛을 알게 됐다.
그런데 정반대 식성이 꼭 나쁜 것만은 아니었다.

아들이 태어나니, 남편과 내 식성을 딱 반반씩 닮아서 고깃집에 가면 정말 환상의 조합을 자랑한다.

고기의 50%는 남편 입으로 직행하고, 40%는 아들 차지, 나머지 10%만이 내 몫이 된다. 나는 고기를 그냥 반찬 중 하나로 여겨서, 고깃집에 가도 메인은 늘 '밥'이 된다. 우리 부부의 중간 식성을 물려받은 아들도 밥을 아예 안 먹는 건 아니다. 밥 한 공기를 시켜 아들이랑 나눠 먹으면 양도 딱 맞고, 고기 쟁탈전도 없으니, 모두가 만족하는 한 끼가 된다.
중국집도 마찬가지! 나는 '얼큰한 짬뽕', 남편은 '단짠 짜장', 그리고 아들은 '짬짜'! 다양하게 먹을 수 있어서 참 좋다.

음식뿐만 아니라, 우리 부부는 성격도 극과 극, 지구 반대편에 서있다고 해도 과언이 아니다.
나는 '극 감정형(극 F)', 남편은 '극 논리형(극 T)'.
신혼 초엔 달라도 너무 다른 성격에 싸움도 잦고 눈물도 흘렸지만, 살다 보니 음식 궁합처럼 성격도 그럭저럭 보완이 됐다. '가족'이라는 이름으로 균형을 맞춰나간다는 걸 알게 됐다.

극과 극 성향 사이에서 태어난 아들은, 덕분에 양쪽 모두를 자연스럽게 파악하게 됐다. 엄마, 아빠의 성향을 너무나 잘 알아서 맞춤형 응대를 해준다!

극 T 아빠가 "야, 손주안, 이런 아빠 봤어? 짱 멋있지?" 하면, 아들은 "응." 딱 한 마디로 끝내버리고, 극 F 엄마에게는 "엄마아~~" 하면서 세상 다정하게 말을 건다.
아들은 어떻게 해야 엄마, 아빠 기분이 좋아지는지, 어떻게 대화를 이끌어야 하는지를 벌써 꿰차고 있는 듯하다. 어쩌면 양극단 부모 사이에서 조기교육으로 장착된 100단의 눈치로 균형을 척척 잡아주고 있는지도 모른다.

얼마 전에는 아들이 "내가 맛있는 거 해줄게!" 하더니 수플레를 뚝딱 만들어 왔다. 어디서 배웠는지 전문가 못지않은 포스로 접시를 내밀었는데, 1시간 만에 완성된 그 수플레 맛이 기가 막혔다.

✦ ✦

세심한 성격에 여린 감수성까지 지닌 아들을 보면, 분명 엄마를 닮은 것 같다가도, 가끔 아빠랑 게임하며 파이팅 넘치는

'팩트 폭격'을 주고받는 걸 보면 또 아빠를 닮았다는 생각도 든다.
음식을 먹을 때도, 대화를 나눌 때도, 언제나 아들이 중심을 잡아주는 덕분에 우리는 화합과 통합을 이루며 살아간다.
엄마와 아빠를 반반씩 닮아준 아들이 정말 고맙기만 하다!

우리집 무게중심은 아들

MBTI를 참 좋아하는 소현. 나는 T 51%, F 49%의 아주 균형 잡힌 사람인데, 늘 나를 T 100%인 사람으로 만들어 버리는 극 F 100%의 무궁무진! 매일이 무대 같은 삶을 사는 스펙터클 버라이어티 서스펜스 작가 김소현이 여기에도 어김없이 등장하네요. 그래서 크게 부정하지 않고 극 T의 삶을 즐기며 감사하며 살고 있어요^^. 당신과 나, 서로만 바라보고 자기 자신만 주장할 때는 '왜 이렇게 나에게 맞춰지지 않을까? 나를 따라와 주지 않는 걸까?' 생각하며 화내고 안타까워했었는데, 어느새 주안이가 자라고, 우리 둘의 시선이 삼각형이 되고 보니, 당신 말대로 '이렇게 균형이 맞춰지는구나.' 생각이 들었네요. 특별히 노력을 한 것도 아니고, 주안이에게 내 마음을 당신에게 전해달라고 부탁한 것도 아닌데, '가족'이라는 이름으로 균형이 맞아진다는 게 신기하고 감사하네요. 세월이 더 흐르면 자연스럽게 '테토녀'*가 되고 '에겐남'**이 된다는데… 그때도 굉장히 기대가 되네요^^._@**준호**

---

* 남성호르몬인 테스토스테론이 많이 분비되는 듯한, 진취적이고 승부욕이 있으며, 리더십 강한 여성을 일컫는 신조어.
** 여성호르몬인 에스트로겐이 많이 분비되는 듯한, 공감 능력이 높고, 감정 표현이 풍부한 남성을 일컫는 신조어.

ㄴ 우리 집의 무게중심은 언제나 주안이의 몫ㄴ_@소현
ㄴ 마시멜로 앞머리가 엄마 앞머리랑 똑같다ㅋㅋ_@주안
ㄴ 마시멜로 엄마를 만들어 준 거구나?^^_@소현

ㄴ 외할머니, 외할아버지, 친할머니, 친할아버지, 그리고 엄마, 아빠… 카네이션 오래도록 6개씩 만들면 좋겠다!_@주안
ㄴ 마음만으로도 너무 고맙고 기특하네! 사랑해. 우리 아들 고마워^^_@소현

└ 언제나 다정한 아들! 친구 같은 아들! 미국 뉴욕 브로드웨이. 내가 했던 뮤지컬 위키드 극장 앞에서 포즈 취하며 한 컷!_@소현
└ 근데 인간적으로 여기서 사진 너무 많이 찍었어요!_@주안
└ 이런 게 다 추억이다 이놈아!ㅋㅋ_@소현

:

신혼 초엔 달라도 너무 다른 성격에

싸움도 잦고 눈물도 흘렸지만,

살다 보니 음식 궁합처럼 성격도 그럭저럭 보완이 됐다.

'가족'이라는 이름으로 균형을 맞춰나간다는 걸 알게 됐다.

사람을 살리는 레시피

김치찌개에 대한 단상

얼마 전 인터뷰에서 '소울 푸드'가 뭐냐는 질문을 받았다.
"소울 푸드요?"
내 영혼을 울리는 음식이라…. 보이지 않는 '고마움' '미안함' '따뜻함' '안락함' '사랑' 같은 감정이 담긴 음식…!
주저 없이 떠오른 건 바로 '엄마가 끓여주시는 김치찌개'였다.

엄마 김치찌개에 특별한 재료가 있는 건 아니다. 멸치로 우려낸 국물에 푹 익은 김치를 꽉꽉 채우고, 때로는 돼지고기 몇 점을 슬쩍 얹는 정도(고기가 없으면 멸치 육수만으로도 충분!). 그런데 그 맛이란… 몇 시간 줄 서서 먹는 맛집들 저리 가라 할 정도로 벅찬 감정이 확 올라온다.

며칠 전에도 공연을 마치고 돌아오는 길에 갑자기 엄마의 김치찌개가 생각나, 분장도 지우지 않은 채로 친정집으로 직행했다.
엄마는 나를 보자마자 눈치를 채시고는, "김치찌개 해줄까?"라고 물으셨고, 나는 기다렸다는 듯이 "응, 엄마! ㅎㅎ"라고 얼른 대답했다. 엄마는, 마치 야자를 마치고 온 고3 수험생을 보듯, 웃으며 조용히 부엌으로 향하셨다.

잠시 뒤, 뚝배기에서 보글보글 끓어오르는 김치찌개가 식탁 위에 올라왔다.
"아아, 이 냄새!"
숟가락을 푹 넣고 국물 한 입, 밥 한 공기를 '순삭'해 버렸다. 피로가 싹, 가시는 기분!

사실 재료만 보면 누구나 흉내 낼 수 있을 것 같지만, 엄마표 김치찌개는 엄마가 해줘야 제맛이 난다. 음식은 '누가 어떤 마음으로 해주느냐'가 얼마나 중요한지를 새삼 느끼게 해주는 순간이다.

요즘 주안이도 외할머니표 김치찌개를 찾는다. 외가에 가면 제일 먼저 "할머니, 김치찌개 주세요!"라고 외친다. 김치찌개만 있으면 다른 반찬에는 거의 손이 가지 않을 정도이다.

내가 주안이를 가졌을 때 먹던 김치찌개 맛이 기억나서 그런 걸까? 아니면 친정집에 와서 내가 맛있게 먹는 걸 보고 단골 메뉴가 된 걸까? 그것도 아님, 진짜 엄마 김치찌개의 맛이 천상의 맛이어서?

그렇게 김치찌개 한 그릇을 사이에 두고, 모녀자(母女子)로 이어진 따뜻한 행복 회로에 반짝, 불이 켜졌다.

김치찌개로 회로 연결

엄마가 해주는 음식은 세상에서 대체할 수가 없는 게 맞지요. 나도 그런 음식이 지금 머리에 떠오르는 게 한두 가지가 아니거든요. "엄마! 이거 왜 해놓으셨어요!"라는 당신의 이상한 화법도 생각이 나네요. 김치찌개에서 시선을 떼지 못하면서도 목소리 톤과 표정은 원망도, 환희도 아닌, 묘한 감정이 섞인 말투였죠. '잘 먹겠습니다!'는 담겨있으면서도 '지금 먹으면 안 되는데…'가 동시에 있는 복잡 미묘한 그 감정의 외침을 잊을 수가 없네요. 그래도 늘 해놓으시던 장모님 김치찌개, 그 자글자글 끓는 냄새가 지금도 어디선가 진하게 맴도는 것 같네요. 사실 집에서 산후조리하면서 내가 매일 끓여준 미역국도 아주 살짝 기대했었는데… 역시 엄마는 이길 수 없네요^^. 사랑합니다._@준호

└ 내가 만든 구름빵! 달걀 비린내 조금 난 거 안 비밀!_@주안
└ ㅋㅋ 퐁신퐁신 맛있었어^^ 또 먹고 싶다! 주안이표 수플
  레!_@소현

└ 할머니표 밥을 언제나 맛있게 먹는 주안이!_@소현
└ 할머니 김치찌개는 미슐랭 별 5개급의 맛!_@주안
└ 엄마도 할머니 김치찌개가 세상에서 제일 맛있어! 주안이도 좋아해 줘서 너무 고마워!_@소현

멸치로 우려낸 국물에 푹 익은 김치를 꽉꽉 채우고,
때로는 돼지고기 몇 점을 슬쩍 얹는 정도.
그런데 그 맛이란…
몇 시간 줄 서서 먹는 맛집들 저리 가라 할 정도로
벅찬 감정이 확 올라온다.

02

내 꿈은
다듬어지지 않는
모난 돌

안나 카레니나

사람 공부

뮤지컬을 하면서 가장 힘들었던 역할이 뭐였냐는 질문을 받을 때면, 나는 주저 없이 《안나 카레니나》라고 말한다.

《안나 카레니나》의 줄거리는 이렇다.
러시아 정계의 최고 정치가인 남편과 안정적인 가정을 꾸리고 살던 안나는 어느 날 젊고 매력적인 장교 브론스키를 만나면서 삶이 송두리째 흔들리기 시작하고⋯ 처음엔 혼란스럽지만, 그의 열정적인 구애에 이끌려 결국 사랑에 빠지고 만다. 시간이 흐를수록 안나는 브론스키에게 점점 더 집착하게 되고, 안타깝게도, 브론스키는 그런 안나를 점차 멀리한다. 질투와 절망에 사로잡힌 안나는 신경쇠약에 시달리다가, 브론스키를 처음 만났던 기차역에서 결국 스스로 생을 마감하고 만다.

지금껏 내가 맡았던 역할들은 대부분 '죽임을 당하는' 쪽이었다. 그런데 안나는 다르다. 그녀는 스스로 죽음을 택한다. 이건 배우로서도 전혀 새로운 감정, 완전히 다른 종류의 고통을 연기해야 한다는 뜻이었다. 정말 쉽지 않은 도전이었다.

나는 배역을 맡게 되면 먼저 서점으로 달려간다. 그리고 그 인물과 관련된 책들을 모조리 사서, 꼼꼼히 읽고 공부하며 인물 탐구에 들어간다. 공연 기간에는, 말 그대로 그 인물이 되어 살아간다 해도 과언이 아니다.
그런데 이상하게도, 안나는 좀처럼 내 안에 들어오지 않았다. 이해하기가 어려웠다. '죽음을 선택한다'는 감정은 얼마나 깊고 무거운 걸까? 도저히 상상이 되지 않았다.

사실 우리는 '죽겠다'는 말을 너무 쉽게 뱉는다.
"아이고, 죽겠네."

"진짜 못 살겠다."
짜증이 날 때, 일이 안 풀릴 때 툭 하고 나오는 말들이다.
하지만 안나의 죽음은 그런 말들과는 차원이 달랐다. 순간의 감정이 아니라, 삶 전체가 무너져 내리는 진짜 절망이었다.

삶의 끝을 선택한 사람의 감정이란 도대체 어떤 걸까?
한 번도 상상해 본 적 없는 감정에 다가가려니, 그것만으로도 참 버겁고 괴로웠다. 그때 마음을 다잡았다.
'안나를 연기하는 게 아니라, 안나가 되어야 해!'

그래서 '스스로 생을 마감하는' 소재의 영화들을 찾아봤다. 그리고 주인공이 어떤 흐름 속에서 어떤 감정으로 무너지는지를 눈과 마음에 새겨, 그 감정선을 놓치지 않으려 안간힘을 썼다. 내 표정, 걸음걸이, 말투, 옷차림, 심지어 눈빛 하나까지도 안나가 되도록, 온몸으로 몰입했다.

그 과정에서 절실하게 느낀 건, 배우에게는 '사람 공부'가 정말 중요하다는 사실이었다. 물론 무대 위에서 동료들과 호흡을 맞추는 것도 사람 공부지만, 그보다 더 깊이 있는 공부는 바로 인물 연구다.

한 인물을 이해하려면 그 사람의 머릿속에 들어가야 한다. 그가 어떤 가치관을 갖고 있었는지, 어떤 방식으로 세상을 바라봤는지. 그러다 보면, 어느새 무대 위에서 그 인물이 된 내가, 그 사람의 인생 위에 서있게 된다.

사람 공부에서 가장 중요한 건, 바로 '관찰'이다. 그 사람의 말투, 표정, 행동 하나하나를 유심히 들여다보는 것.
공연을 위해 배역에 몰입하듯이, 사람을 이해하려면 마음을 열고 시간을 들여야 한다. 참 신기한 건, 그런 과정을 거치면 결국 '그럴 수밖에 없었던' 이유에 공감하게 된다는 것이다.

역할 속 인물을 통해 이런 경험을 할 때마다 나는 생각한다.
세상에는 이해되지 않는 사람도, 이해되지 않는 상황도 없다는 것을.

✦ ✦

누군가를 깊이 들여다볼수록, 세상이 조금 더 가까워지는 기분이 든다.
전 세계 인구가 80억인데, 내가 만난 사람은 그중 단 한 사람이다. 그렇게 생각하면, 이건 정말 기적 같은 일 아닌가? 누군가가 내 삶에 '도착했다'는 건, 그 자체로도 경이롭고 고마운 일이다.

삶에 도착한 인연들이, 실은 어마어마한 일이라는 것을 가슴에 새긴다면, 사소한 오해보다는 따뜻한 이해로 인연의 끈을 이어갈 수 있지 않을까.

내가 관객분들을 만날 확률도 80억 분의 1의 인연

빼곡히 써 내려간 공연 노트들, 책상에 쌓여있는 인물 관련 서적들, 늘상 들어져 있는 유튜브 영상들까지. 이것만으로도 당신이 어떤 작품을 하고 있는지를 금방 알 수 있어요. 당신이 어떤 작품을 시작했는지를 알려주는 신호이자, 당신의 향기 같다는 생각이 들어요. 평소엔 참 평범하고 일상적인 모습인데, 당신이 사랑하는 작품에 몰입할 때면 그 집중력이 정말 비범하게 느껴집니다. 가끔은 그런 생각이 들어요. 우리를 대하는 모습을 노력하는 걸까, 아니면 작품에 임하는 자세를 노력하는 걸까. 어떤 이유든, 무대 위에서의 당신의 모습은 사람으로서도, 배우로서도 참 자연스럽고도 잘 어울린다는 생각이 드네요. 한 사람 한 사람에게 진심을 다하고, 작품 속 인물에 온 마음을 쏟는 그 순수한 열정이 지금의 당신을 만들었고, 당신이 당신 자신을 더 잘 알게 해준 게 아닌가 싶어요. 내가 본 당신은 그만큼 소중하고, 특별하고, 귀한 사람이에요. 그래서 더더욱, 당신이 스스로도 그 가치를 잘 알고 자신을 더 사랑해 주면 좋겠다는 생각이 들었네요. 한 가지 의문이 드는 건, 짧지 않은 시간 당신과 함께 살아온 남편에 대한 연구는 이미 끝났을 것 같은데… 어때요?_@**준호**

사진 출처: (주)마스트인터내셔널

ㄴ 어떤 장면이길래 엄마 표정이…?_@주안
ㄴ 이건 안나가 참아왔던 감정이 한꺼번에 터져 나오면서, 자신의 행복을 위해 모든 걸 포기하고 떠나겠다고 마음먹기 직전의 순간이야. 1막의 클라이맥스 장면이지. 이 역할 너무 어려웠어ㅜㅜ_@소현

사진 출처: (주)마스트인터내셔널

ㄴ 무대에서나 집에서나 엄마는 눈물의 여왕_@주안
ㄴ 이 장면에서 말로 할 수 없는 감정들이 교차했던 거 같아. 엄마가 표현했던 그 많은 씬들 중에 손에 꼽을 만큼, 힘들었던 기억이 난다ㅜ_@소현

:

그 사람의 말투, 표정, 행동 하나하나를 유심히 들여다보는 것.

공연을 위해 배역에 몰입하듯이,

사람을 이해하려면 마음을 열고 시간을 들여야 한다.

마리 앙투아네트

내가 부지런할 수밖에 없는 이유

작품에 들어가면 보통 일주일에 서너 번, 많게는 다섯 번까지 공연을 한다.

두 달 가까이 하루 10시간씩 연습을 하고 무대에 오르기 때문에 대사나 노래, 동선은 이미 몸에 익은 상태지만, 나는 매회 공연 전에 처음부터 끝까지 노래를 한번 꼭 불러봐야 마음이 놓인다(연습을 안 하면 불안해서 견딜 수가 없다!). 그래서 공연 시작 3~4시간 전에는 어김없이 공연장에 도착해 연습을 시작한다. 아무리 피나는 연습을 해도 '이만하면 됐어'라고 생각한 적은 단 한 번도 없다.

20년이 넘는 경험이 쌓였다고 해도 결코 느슨해질 수 없다. 배역에 온전히 몰입하기 위해 더 철저히 준비하게 된다.
무대는 혼자 만드는 게 아니기 때문에, 함께 호흡하며 완성해가는 그 과정에서 서로 의지가 되고 위로가 되는 순간들이 많은데, 그렇다고 늘 평온하기만 한 건 아니다. 공연 중 해프닝은 정말 예고 없이 찾아온다.

지금도 기억에 남는 일이 하나 있다.
2021년, 《마리 앙투아네트》 무대 위에서 벌어진 일이었다.
말 그대로 '화려함의 끝판왕'인 마리 역할은 의상과 분장만 해도 어마어마했다. 열두 벌 가까운 의상에, 가발만 여덟 번 바꿔 써야 하니 무대 뒤는 그야말로 전쟁(!)이었다.

그날도 정신없이 공연이 이어지던 중이었다.
남편이 처형당하고, 어린 아들이 말도 안 되는 죄목으로 끌려가는 장면.
나는 아들을 빼앗기지 않으려고 울부짖으며 몸부림쳤다. 하지만 끝내 아들을 빼앗기고, 구금된 방 안에서 남겨진 딸을 끌어안고 오열하며 고개를 숙였는데… 헉! 그 순간!
가발이… 통! 째! 로! 벗겨졌다!!!

극 중 마리의 감정은 이미 최고조.

눈물, 콧물로 범벅된 얼굴에 가발까지 벗겨졌으니 순간 당황했지만, 창피함보다 걱정이 앞섰다.

'어떡해! 관객분들 몰입이 깨지면 어떡하지?'

그 짧은 찰나에 온갖 생각이 스쳐갔다. 하지만 멈출 수는 없었다. 나는 그냥 아무 일도 없었다는 듯 마리의 감정을 끝까지 끌고 갔다. 노래도 이어서 부르고, 장면도 무사히 마무리했다.

✦ ✦

가끔은 문득 궁금해진다.

나는 과연 무대 위에서 얼마나 집중할 수 있을까?

무대에 갑자기 관객이 난입해도 나는 침착하게 대사를 이어 갈 수 있을까?

몰입과 집중이 가장 중요하다고 늘 말하지만, 내 집중력이 과연 어디까지 버텨줄지, 나도 궁금할 때가 있다(물론 그런 상황이 실제로 벌어지진 않기를 바라지만… 상상은 자유니까!).

무대 위에서의 실수는, 그 순간에는 정말… 생각하기도 싫은 악몽이다.
나중에야 웃으며 에피소드로 풀 수 있겠지만, 당장 겪을 때는 정말이지 수명이 단축되는 느낌이다.

실수는 안 된다. 몰입이 없는 연기는 더더욱 안 된다.
그래서 늘 여유 있게 도착해 소품을 확인하고, 동선을 다시 한번 점검하고, 마음도 정비한다.
무대 위에 오르는 순간까지, 철저히 준비하고 또 준비한다.
그래서 오늘도 부지런할 수밖에 없다.

여러 전문 스태프들의 세심한 손길로 완성되는 마리

당신에게 배운 한 가지가 문득 떠오르네요. 뮤지컬 《오페라의 유령》을 함께하던 시절, 우리가 연인으로 발전하던 무렵이었죠. 무대 위 키스신을 연습하면서, 사회 초년생이었던 내가 "우리, 무대 위에서 진짜 키스를 하면 안 될까?"라고 조심스럽게 물었을 때 연애 초반이라 뭐든 긍정적으로 반응하던 당신이, 그 순간만큼은 단호하게 정색하며, "무대에서 장난은 절대 안 돼"라고 했던 당신의 말과 표정이 아직도 생생하게 기억나네요. 그때 당신에게 확실하게 배운 덕분에, 지금까지 무대 위에서 흐트러지지 않고 중심을 잘 잡으며 연기할 수 있었네요. 무대를 사랑하고 관객을 소중히 여겼던 마음은 항상 변하지 않고 지금까지 간직하면서 유지하는 모습이 존경스러워요. 당신의 그 마인드를 본받아 나도 스스로 채찍질해 봅니다._@**준호**

사진 출처: EMK뮤지컬컴퍼니 / Musical Marie Antoinette ⓒ EMK Musical Company 2021
Musical Marie Antoinette ⓒ EMK Musical Company 2019

ㄴ 엄마 부채 잘 펴더라!_@주안
ㄴ 부채 펴고 접는 연기는 엄마가 우리나라에서 제일 많이 했을 걸? ㅎㅎ "내 앞에서 고개를 숙여라!"라고 말하는 장면이야. 한 번도 경험해 보지 못한 '본투비' 왕족을 표현하는 건 정말 쉽지 않았어. 개인적으로는 화려하고 아름다웠던 마리보다, 겉모습은 초라했지만 죽음을 앞두고 가장 당당하고 마리다웠던, 그 순간의 마리가 더 기억에 남아. 절대 잊을 수 없을 거야…_@소현

ㄴ 신경 쓸 것이 하나부터 열까지 너무 많았지만, 의상은 참 아름다웠다!_@소현
ㄴ 매번 이렇게 많은 옷 입기 힘들었겠다!!_@주안
ㄴ 힘들다는 생각보다, 사실 예쁜 의상들 원 없이 입어봐서 진짜 행복했어!^^_@소현

사진 출처: EMK뮤지컬컴퍼니 / Musical Marie Antoinette ⓒ EMK Musical Company 2021
Musical Marie Antoinette ⓒ EMK Musical Company 2019

ㄴ 단두대에서 죽음을 맞이하기 전, 가장 강인하고, 가장 자신다워진 마리!_@소현
ㄴ 파리에서 마리 앙투아네트 감옥 가본 거 생각난다_@주안
ㄴ 엄마도 직접 가보고 다시 마리 역할을 하니 완전히 다르게 느껴지더라! 역시 역할을 위한 연구와 노력은 멈출 수가 없어!_@소현

:

무대 위에서의 실수는, 그 순간에는 정말…
생각하기도 싫은 악몽이다.
나중에야 웃으며 에피소드로 풀 수 있겠지만,
당장 겪을 때는 정말이지 수명이 단축되는 느낌이다.

어쩌면 나는 무던한 사람인지도 모른다
'알레르기 0'의 진실

이럴 땐 정말 내가 싫다.

나는 왜 이럴까?

공연 때만 되면 먹는 것에 지나치게 예민해진다. 그냥 '못 먹는 게 많은 편' 정도가 아니다. 정말로, 거의 다 못 먹는다. 매운 거, 짠 거, 단 거, 신 거, 차가운 거, 뜨거운 거… 뭐 하나 괜찮은 게 없다. 그래서 공연 기간이 시작되면 내 식단은 거의 흰밥에 김이 전부다. 그것도 너무 짜면 안 되니까 소금은 털어내고 먹는다. 음료? 무조건 미지근한 물! 실온에 둔 물이 최고다.

얼마 전 《명성황후》를 시작하면서 또 한 번 지긋지긋한 징크스가 찾아왔다. 설상가상으로 감기까지 걸려 이중고를 겪었다. 먹지도 못하는데 아프기까지 하니, 진짜 죽을 맛이었다.

빈속에 감기약을 털어 넣고, 속 쓰린 걸 참고 참는 날들이 많았다(뭔가를 먹으면 속이 뒤집힐 게 뻔하니까!). 주변 사람들은 "그 상태로 어떻게 무대에 서요?"라고 걱정하지만, 신기하게도 무대에만 오르면 갑자기 어디선가 힘이 솟는다. 정말 번개에 맞은 것처럼 확! 번쩍! 하고 정신이 든다. 사람이 참 대단하다 싶다.

에너지를 다 끌어모아 공연을 끝내고 나면 집에 가서 쓰러질 것 같은데, 웬걸? 오히려 도파민이 폭발한다.
가슴이 두근거려서 잠도 안 오고, 당장 공연 세 번을 더 하라고 해도 할 수 있을 것 같은 상태가 된다. 그런 상태에서 화장대 앞에 앉아 분장을 지우다 보면, 참 이상한 감정이 밀려온다.

내가 아닌 다른 사람의 인생을 살다가, 어느 순간 툭, 현실로 돌아오는 그 순간.
허무함이랄까? 그렇다고 우울한 건 아닌데….

공연을 끝내고 나면 배우만이 느낄 수 있는 묘한 감정이 있다. 짜릿함과 몽글몽글한 감정이 뒤섞인 상태.
공연 기간에는 걷는 것도, 밥을 먹는 것도, 다 극 중 인물의 감정으로 살아가게 된다. 그러니 갑자기 '자, 이제 현실로 돌아가세요~' 하는 건 말처럼 쉽지 않다.

특히 내가 맡은 인물이 비운의 황후라면… 현실은 밀린 집안일을 쌓아둔 워킹맘인데, 머릿속은 아직도 고개를 떨군 황후 상태인 것.
신혼 초에는 화장대 앞에서 눈물을 뚝뚝 흘린 적도 있다. 그때 남편은 나를 보며 황당하다는 듯, "왜 이래~ 정신 차려요~!"라며 웃기도 했다.

나는 감정에 몰입하는 데도 오래 걸리고, 빠져나오는 데도 오래 걸리는 스타일이다. 현실 세계를 스르륵 닫고 머릿속을 비운 다음, 상상력을 꽉 채워 넣어야 연기를 시작할 수 있다. 한 번 몰입하면 완전히 그 인물이 되는 거다.
그런데! 남편은 다르다.
얼마 전, 한 관찰 예능 프로그램에서 남편을 촬영했는데 제작진이 깜짝 놀랐단다.

공연 10분 전까지 국밥을 먹으며 해맑게 웃던 사람이, 무대에 올라가니 완전 다른 사람으로 변하더라는 것. 마치 '레드 썬!' 한 것처럼 말이다. 그렇다고 감정 없이 기계처럼 연기하는 것도 아니다. 그 짧은 시간 안에 몰입해서 감정 씬을 디테일하게 소화해 낸다. 정말 연구 대상이다(부럽기도 하다!).
나 같은 경우 '감정 10'을 연기하려면 1부터 천천히, 꼼꼼히 쌓아야 되는데, 남편은 시작부터 '감정 10'으로 바로 진입하는 거다.

'내가 너무 예민해서 그런가?'
공연 때마다 극도로 예민해지는 내 상태가 혹시 건강 문제는 아닌가 싶어, 알레르기 검사를 받아봤다. 느낌상, 최소 30개는 나올 것 같았다.
그런데!!!
결과는 반전.

나는 알레르기 0개, 남편은 무려 13개.

바나나 알레르기부터, 들어본 적도 없는 희귀한 알레르기까지… 심지어 아들도 적지 않게 나왔다.
진짜 예민한 사람은 남편과 아들이었다.

나는 스스로 예민하다고 착각했던 건지도 모르겠다. 몸이 반응도 하기 전에 마음이 먼저 걱정부터 했던 걸까? 아니면, 집중을 위해 모든 방해 요소를 그냥 내 손으로 차단해 버린 걸까.
어쩌면 나는, 내가 생각하는 것보다 조금은 덜 예민한 사람일지도 모른다. 아니, 남편과 아들에 비하면 오히려 무딘 사람인지도!

남편과 아들은 자기 몸이 꽤 예민한데도 늘 "괜찮아~"라며 산다. 알레르기 13개를 가진 남편은… 진짜 '행복 DNA'를 타고난 복 받은 사람이다.
그 DNA, 나에게도 좀 줄 수 없나요?

괜찮아. 나에겐 행복 DNA가 있으니까

늘 공연을 하면 에너지를 많이 쓰는데, 원하는 만큼 먹지도 못하고, 신경을 많이 쓰는 만큼 허기조차 잘 느끼지 못한다는 게 참 안쓰럽게 느껴져요. 그래서 공연 기간 방송에 나오는 당신의 모습은 강제 다이어트 덕분인지 더 아름답고 예쁘게 보이는 장점이 있긴 하지만, 그만큼 힘들고 고생하고 있다는 이야기이기도 하니까, 옆에서 보는 사람으로서는 안타까운 마음이 드네요. 누군가에겐 '예민함'으로 보일 수도 있지만, 사실 이 모든 게 더 좋은 공연을 위한 당신의 치열한 노력이라는 걸 알기에, 난 그저 옆에서 당신을 묵묵히 응원할 수밖에 없어요. 당신이 쌓아온 루틴에 함부로 간섭할 수 없는 것도 그런 이유죠. 리허설 때는 가끔 지금의 징크스를 깨고 뭔가를 먹고 시도해 보기도 하잖아요. 잘 맞으면 공연 때도 이어가기도 하고요. 공연이 끝난 뒤에는 같이 드라이브도 하고, 산책도 해봤지만… 결국은 당신이 가장 편한 방식으로 당신을 지켜주는 게 제일이라는 생각이 들어요. 지금의 모습을 억지로 바꾸려고 애쓰기보다는, 그 모습 그대로를 사랑하고 충분히 누리면, 그게 곧 행복이고 축복이니까! 그것만으로도 충분하잖아요^^.(알레르기 하나 없는 것도 얼마나 좋아!)_@**준호**

| 알레르기 선별 검사 결과 보고서 |

의뢰기관명			수진자명	손준호	접수번호	66019
진 료 과	ENT	병동:	주민번호		채취일자	
진료의사			Chart No.		검사일자	2024-05-23
기관번호			성별·나이		보고일시	2024-05-24

MAST 118종(통합)

[종합소견]

Total IgE 는 증가하였습니다.

Class2 : 집먼지, 진드기 (Dp), 진드기 (Df), 키위, 딸기, 사과

Class3 : 헤이즐넛, 망고, 복숭아

Class4 : 오리나무, 자작나무, 바나나

Class6 : 환삼덩굴

여러가지 Allergen에서 양성반응을 나타냈습니다.
이는 Allergen의 cross reaction에 의한 현상으로 판단되므로
주된 임상소견을 참고하시고 6개월후 재검사를 권합니다.

사진 출처: 보아스이비인후과의원 약수본원

└ 아빠 망고 드시는 거 진짜 많이 봤는데!!! 어떡해!!!_@주안

└ 아빠에게 알레르기쯤은 아무런 방해도 되지 않지! 초긍정 울트라 파워! 세상에서 제일 강한 아빠니까!!!_@소현

| 알레르기 선별 검사 결과 보고서 |

의뢰기관명			수진자명	손주안	접수번호	66024
진 료 과	ENT	병동:	주민번호		채취일자	
진료의사			Chart No.		검사일자	2024-05-24
기관번호			성별·나이		보고일시	2024-05-25

MAST 118종(통합)

[종합소견]

Total IgE 는 증가하였습니다.

Class1 : 명아주과풀, 개암나무, 플라타너스, 물푸레나무, 아카시아, 우산잔디, 오리새, 큰조아재비, 갈대, 호밀꽃가루, 계란흰자, 호밀

Class2 : 창질경이, 느릅나무, 올리브, 버드나무, 미루나무, 호밀풀, 외겨이삭, 우유, 당근, 마늘, 양파, 샐러리, 감자, 옥수수, 쌀, 복숭아, 오렌지

Class3 : 환삼덩굴

여러가지 Allergen에서 양성반응을 나타냈습니다.
이는 Allergen의 cross reaction에 의한 현상으로 판단되므로
주된 임상소견을 참고하시고 6개월후 재검사를 권합니다.

사진 출처: 보아스이비인후과의원 약수본원

└ 환삼덩굴 알레르기가 아빠랑 똑같네!! 내 껀 왜 이렇게 많지?_@주안

└ 되도록 안 좋다는 건 피하자 주안아ㅜㅜ_@소현

알레르기 선별 검사 결과 보고서					
의뢰기관명		수진자명	김소현	접수번호	66023
진 료 과	ENT 병동:	주민번호		채취일자	
진료의사		Chart No.		검사일자	2024-05-24
기관번호		성별·나이		보고일시	2024-05-25

MAST 118종(통합)

[종합소견]

Total IgE 는 증가하지 않았습니다.

Allergen은 반응을 나타내지 않았습니다.

사진 출처: 보아스이비인후과의원 약수본원

└ 믿을 수도 없고 아직도 믿어지지가 않는다! 세상 알레르기는 다 내 껀 줄 알았는데…
0개라니!!_@소현

└ 엄마 털 알레르기 있어서 고양이 못 키운다면서요…!ㅜㅜ_@주안

└ 앗 주안아… 엄마도 그런 줄 알았…_@소현

나는 스스로 예민하다고 착각했던 건지도 모르겠다.
몸이 반응도 하기 전에 마음이 먼저 걱정부터 했던 걸까?
아니면, 집중을 위해 모든 방해 요소를
그냥 내 손으로 차단해 버린 걸까.

명성황후

'인간 민자영'으로 만난 작품

가장 기억에 남는 작품이 무엇이냐는 질문을 받을 때가 있다. 좋은 기억이든, 조금은 아릿한 기억이든… 오래도록 마음에 남는, 여운이 깊은 작품. 물론 있다.
대한민국 국민이기에 굳이 애쓰지 않아도 애국심이 솟았던 작품, 바로《명성황후》다.

지금이야 내 인생에서 떼려야 뗄 수 없는 작품이 되었지만, 사실 10년 전, 처음《명성황후》제안을 받았을 땐 꽤 망설였다. 국내 사극은 많이 해보지 않았고, '명성황후'라는 인물은 역사적으로 평가가 극명하게 갈리는 인물이었으니까. 그녀를 어떻게 표현하느냐에 따라 관객의 반응도 천차만별일 수 있다는 걸 알기에, 이 역할을 내가 잘 감당할 수 있을지 많이 조심스러웠다.

나는 긴 고민 끝에 용기를 내 출연을 결심했고, 2015년 공연을 시작으로 2025년까지 총 네 번의 시즌 동안 명성황후를 연기하게 되었다. 그렇게 《명성황후》는 어느새 내 인생의 큰 줄기를 차지하게 된 작품이 되었다.

비극적인 결말을 맞는 '황후 사극'은 여러 번 해봤지만, 《명성황후》는 우리나라 역사를 바탕으로 한 작품이기에 그 의미가 남다르다. 물론 역사학자들의 시선이 팽팽히 엇갈리는 건 알고 있다. 하지만 나는 그녀를 왕비로서가 아니라, '엄마이자 아내, 며느리이자 딸'이었던 '인간 민자영'으로 바라보고 연기했다.

격동의 시대, 조선의 황후 자리는 얼마나 무겁고 두려웠을까. 세자를 어렵게 낳고 나서는, 국모이기 이전에 한 아이의 어머니로서, 아들이 살아갈 조선이 부디 평화롭기를, 안전하기를 누구보다 간절히 바랐을 것이다.

그렇게 생각하니, 그녀가 조선에서 한 인간으로 살아간다는 것 자체가 얼마나 고단했을지 가슴 깊이 느껴졌다. 그녀의 정치적 선택들에 대한 해석은 다 다르겠지만, 그녀가 조선의 왕이 될 아이의 미래를 걱정하는 엄마였다는 사실이 가장 깊이 다가왔다.

나는 그 지점에서 민자영이라는 인물에 마음이 닿았다.
2015년, 처음《명성황후》에 올랐을 땐 '극' 자체에 집중했다. 한 인물을 표현하기보다는 무대 위 전체 호흡과 조화를 맞추기 위해 부단히 애를 썼다.

그리고 2018년, 2021년… 공연을 거듭할수록 '명성황후'라는 인물이 더 또렷이 보이기 시작했다. 특히 30주년을 맞은 2025년 공연에서는 인물에 대한 감정이 유독 깊게 밀려왔다. '나라면 어땠을까?' 하고 생각하다가, 공연 중 눈물이 먼저 나올 때도 많았다.

✦ ✦

10년 동안 네 번의 시즌, 횟수로 200회를 훌쩍 넘겼지만《명성황후》는 매회 무대 위에서 말할 수 없는 감정에 사무치게 된다. 그건 단순한 분노나 슬픔이 아니다. 지켜야 할 것을 끝내 지키지 못했다는, 가슴 깊은 안타까움 그 이상이다.

《명성황후》는 배우로서의 나를 한층 더 단단하게 해줬고, 인간 김소현으로서도 더욱 성숙하게 만들어줬다. 그래서 나는 말한다.
《명성황후》는 나와 함께 성장해 가는, 인생 친구 같은 작품이라고.

5kg의 가채 무게만큼이나 어깨가 무거웠던 역할

이 글에서는 뭐라고 쓰기가 참 어렵네요. 어떤 작품이든 애정을 갖고 최선을 다해 준비하지만 《명성황후》는 우리나라의 인물이고 당신이 글 초반에 적었듯, 역사적 평가도 극명하게 나뉘는 인물이기에, 작품을 대하는 당신의 자세는 매회를 거듭할 때마다 조심스럽고 더욱 깊어졌던 것 같아요. 동선, 대사, 가사, 음정을 외운다고 끝나는 게 아니라, 우리나라의 역사이기에 온몸으로 느끼고, 관객에게 전하기 위해 인물의 마음을 더욱 깊이 담아내야 했죠. "여보, 어때? 이건? 너무 걱정되는데?" 끝없이 고민하며 내게 질문하던 당신의 모습이 생각나네요. 나보다 훨씬 자료도 많이 찾고, 공부도 많이 하고 무엇보다 나는 고종 역할이라 명성황후에 대해서는 당신이 훨씬 더 잘 알 텐데, 결국 내가 "연출님이랑 이야기하세요"라고 했더니, "T라 그래, T!"라며 뒤돌아서 가는 모습에 가슴을 쓸어내렸습니다. 저는 고종 역입니다. 고정하여 주시옵소서. 마마!_@**준호**

사진 출처: ACOM

ㄴ 장검에 세 번 베인 후 죽기 직전!_@소현
ㄴ 이때 엄마 감정은 어땠어요?_@주안
ㄴ 엄마는 이 장면 떠올리면 마음이 아파. 아들을 뒤로하고 죽는 엄마의 마음이 어땠을지…ㅜ_@소현

사진 출처: ACOM

ㄴ 실제 명성황후는 어떤 모습이었을까? 명성황후의 목소리, 걸음걸이, 또 아들을 바라보는 눈빛은 어땠을지…._@소현

ㄴ 엄마는 공연할 때 표정이 참 다양해요!_@주안

사진 출처: ACOM

└ 《명성황후》에서도 남편과 함께 호흡을 맞췄다. 실제 부부인 우리가 실존했던 부부 역할을 맡게 되면, 많은 분들이 더 몰입해서 봐주시는 것 같아 더더욱 감사하다! 오랜 시간 함께 호흡을 맞춰와서 이제는 말하지 않아도 쿵 하면 짝! 나의 최고의 파트너다!_@소현

└ 쿵!_@주안

└ 짝!_@소현

:
국모이기 이전에 한 아이의 어머니로서,
아들이 살아갈 조선이 부디 평화롭기를,
안전하기를 누구보다 간절히 바랐을 것이다.

위키드

반성노트

나에게는 '반성(?)노트'라는 게 있다.

배역을 맡으면 그 인물에 대해 공부하고, 상황을 추론하고, 감정을 유추하면서 끊임없이 써 내려가는 노트. 인물이 완전히 내 것이 될 때까지 반성과 각성을 도와주는 일종의 작업 노트다. 마치 그림을 그릴 때 도화지 위에 밑그림을 그리고 지우며 전체 그림을 잡아가듯, 나는 작품을 시작하면 대본과 함께 이 노트를 늘 손에 쥐고 있다. 인물의 밑그림을 그려나가는 나만의 방식이다.

생각해 보면 이런 습관은 꽤 오래전부터 갖고 있었던 것 같다. 학창 시절, 나에게는 뭐든 적어두는 습관이 있었다. 공부할 때는 물론, 생각이 복잡할 때도 노트부터 펼쳤다.
영어 단어를 외울 때는 단어와 뜻을 줄줄이 써야 비로소 머리에 들어왔고, 엉킨 실타래처럼 마음이 복잡할 때도, 당장 떠오르는 생각부터 끄적이며 실마리를 찾곤 했다.

그러다 보니 배우가 된 지금도, 나에게 노트는 필수 도구가 되었다. 배역이 어떤 인물인지, 어떤 생각을 하는 사람인지, 그걸 노트에 정리해 가며 밑그림을 하나하나 그려야 비로소 온전히 내 것이 되는 기분이다.

2014년, 결혼 후 주안이가 두 돌을 막 넘겼을 무렵, 《위키드》를 만났다. '글린다'라는 캐릭터는 나처럼 밝고 쾌활한 성격이라 '잘할 수 있겠다'는 조금의 확신이 있었다. 문제는 타이밍이었다.
내가 캐스팅됐을 땐 이미 배우들이 절반 정도 호흡을 맞춘 상태였다. 정말이지, 나만 잘하면 되는 상황이었던 거다.

덜컥, 마음이 급해졌다.

시작도 전에 벌써 결승선을 향해 달리고 있는 동료들을 보니 축지법이라도 써서 따라잡고 싶은 기분이었다. 동료 배우들은 "천천히, 괜찮아"라며 배려해 줬지만, 그럴수록 더욱 민폐가 되면 안 된다는 생각에 밤낮없이 연습에 몰두했다.
길을 걸을 때, 밥을 먹을 때, 잠들기 전까지도 대사를 반복했다. 심지어, 잠자는 시간까지 쪼개며 연습했지만, 불안과 초조는 쉽게 가라앉지 않았다.

결국, 대본과 수첩을 들고 집 근처 카페로 향했다.
수첩에 대사를 반복해서 쓰고, 또 중얼거렸다. 어느 순간 나도 모르게 목소리가 커졌는지, "조용히 좀 해주세요"라는 주의를 듣기도 했다. 민망함에 "죄송합니다, 정말 죄송해요…"라며 고개를 숙이고는 부랴부랴 짐을 챙겨 나왔던 기억이 아직도 생생하다.

그렇게 공연 날이 다가왔다.
감독님은 "자유롭게 해요"라며 긴장을 풀어주려 하셨지만, 내 몸은 여전히 얼어있었다. 잘해야 한다는 생각이 무겁게 내려앉아있었다.
다행히, 공연은 무사히 마무리되었고, 부끄럽지만 글린다가 나와 잘 어울린다는 좋은 이야기도 들을 수 있었다. 화려한 무대, 음악, 동료 배우들과의 호흡까지 모두가 하나가 된 것 같은 참 감사한 공연이었다.
잘해야 한다는 부담감으로 시작해, 잘 해냈다는 안도감으로 끝난 작품. 그래서 《위키드》는 내게 더 특별하게 남아있다.

작품이 들어오고 배역이 정해지면, 나는 제일 먼저 노트를 연다. 그 인물의 성격, 상황, 감정선을 분석하고, 공연이 시작되면, 매회차 아쉬웠던 점, 보완할 부분을 꼼꼼히 적어둔다. 그때마다 나는 배우로서 다시 태어나는 기분이 든다.

✦ ✦

한 사람의 내면과 삶을 깊이 들여다보려면, 그가 했던 말과 행동, 그 사이사이에 감춰진 감정선을 따라가야 한다. 그래야 그 사람의 진짜 속마음을 비로소 알게 된다.

'행복하다'는 말도 들여다보면, 그 안에 기쁨만 있는 게 아니다. 기쁨 속에 슬픔이, 혹은 그 둘이 엉켜있는 경우도 많다. 가끔은 나조차 내가 한 말에 어떤 감정이 담겨있었는지 모를 때가 있다. 그래서 글로 써야 한다. 상황을 적고, 감정을 기록해 봐야 그 말의 의미가 선명해진다. 내가 한 말을 내가 이해하지 못하면, 결국 나 자신과도 멀어질 수밖에 없다.

인물의 세계를 노트를 통해 깊이 들여다보듯, 나 역시 나를 위한 노트를 써야 내가 어떤 사람인지, 무엇을 느끼고 있는지, 좀 더 정확히 알 수 있을 것 같다.

쓸 때마다 새로운 나를 발견하는 마법

기록이 가장 좋은 기억이 되는 것 같아요. 우리의 대화 중 "지난번에 그렇게 하지 않았어?"라고 하면, 대부분 당신의 말들이 맞는 경우가 많은데, 그건 단순한 기억력 때문만은 아니라, 이렇게 기록하는 습관 덕분이기도 한 것 같아요. 학창 시절, 형형색색으로 노트를 꾸미는 친구들을 보면, 그 재주에 놀라고 그 노트를 쓰면서 공부하는 능력에 두 번 놀랐었는데, 그 능력자가 당신이었다는 게 너무 신기합니다. 소현~ 학창 시절에 공부도 잘했었습니까?^^_@**준호**

사진 출처: 에스앤코

ㄴ 치열하게 준비했던 위키드!_@소현
ㄴ 저 씬에서 저 기구 타고 엄청 높이 올라갔죠! 실제로 봤으면 좋았을 텐데 아쉬워요!_@주안
ㄴ 저 기구 처음에 진짜 무서웠어! 거의 천장에 붙어서 내려오거든!_@소현

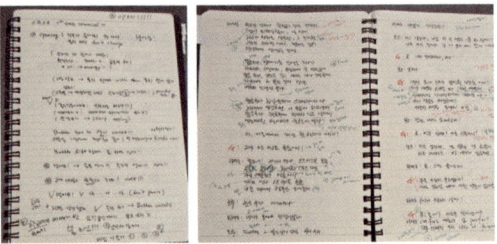

┗ 노트는 엄마 물건들 중 보물 1순위!!!_@소현
┗ 엄마 진짜 열심히 썼네요! 정말 대단 대단!!!_@주안
┗ 엄마는 노트가 습관이 돼서, 이렇게 쓰면 좀 마음이 정리가 되고 캐릭터를 찾아가는 데 큰 도움이 되는 거 같아!_@소현

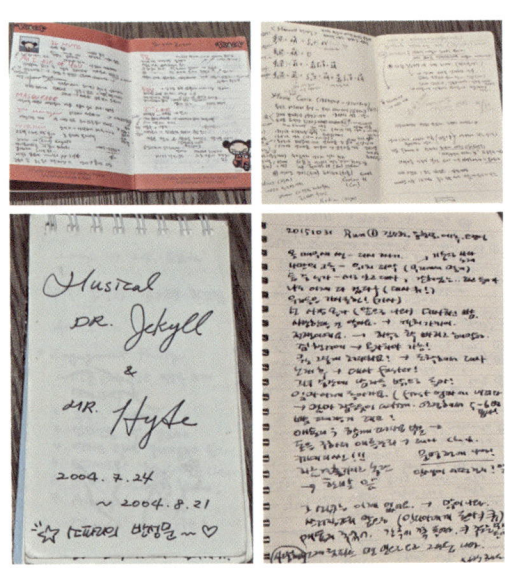

┗ 내 노트의 시작은 기억이 안 날 만큼 오래됐다! 《오페라의 유령》《지킬 앤 하이드》… 이건 반성문이라고 썼네ㅋㅋ 앗 오글거려ㅋㅋ 《바람과 함께 사라지다》 노트부터 《마리 퀴리》 노트까지! 나의 노트의 역사는 계속되고 있다!_@소현
┗ 엄마가 《마리 퀴리》 대사 열심히 외우던 거 생각난다! 내가 대사도 맞춰줬는데!_@주안
┗ 주안이 덕에 연습 많이 했지. 고마워^^_@소현

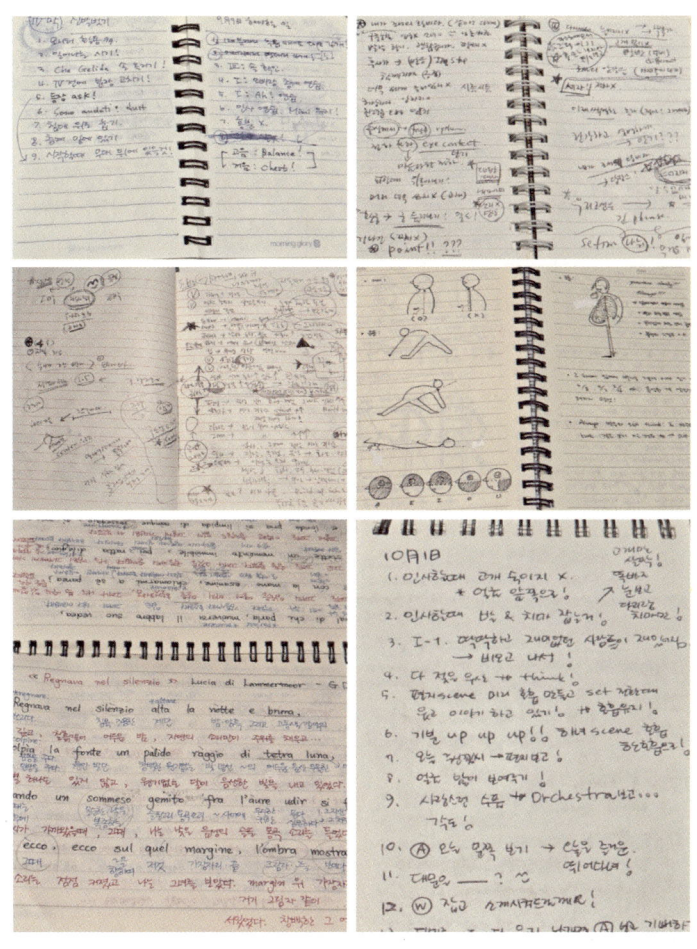

ㄴ 와… 엄마… 입시 준비하는 고3 노트 같아요!_@주안

ㄴ 엄마는 이 방법으로만 살아봐서 다른 방법을 모르겠어^^ 내 노트에는 가사, 발성법… 리허설과 공연 때 실수나 고칠 점 같은 게 적혀있지. 일에서의 나의 모든 것이 담겨있달까!_@소현

└ 나의 반성노트! 이것들은 일부에 불과하다! 친정집 가서 더 찾아봐야지!_@소현
└ 엄마의 열정의 흔적… 존경합니다…!_@주안
└ 주안이가 그렇게 말하니 좀 부끄럽네…^^_@소현

└ 이건 주안이가 자기만의 노트를 만든 것!_@소현
└ 나도 잘 만들었죠?_@주안
└ 그럼~ 지금 봐도 너무 잘 만들었네! 내 노트를 보여준 것도 아닌데 어쩜 이렇게 내 노트랑 비슷하게 만들었을까! 너무 신기해 정말!_@소현

'행복하다'는 말도 들여다보면,
그 안에 기쁨만 있는 게 아니다.
기쁨 속에 슬픔이, 혹은 그 둘이 엉켜있는 경우도 많다.
가끔은 나조차 내가 한 말에 어떤 감정이 담겨있었는지
모를 때가 있다.

최악의 컨디션에 극과 극 반응

투덜대도 결국은 해야 하는 일

남편과 나는 같은 공연을 하면, 눈 뜨는 순간부터 잠들 때까지 정말 하루 종일 붙어 다닌다.

연습이나 공연이 있는 날엔 밥 먹고 연습하고 공연하고… 공연이 없는 날엔 밥 먹고 인터뷰하고 홍보하고…. 그리고 모든 공식 일정이 끝나면? 기다렸다는 듯이 우리는 각자 다른 길로 향한다.

나는 집, 남편은… 스크린 골프장!

일주일 내내 공연하고 홍보하느라 파김치가 된 나와는 달리,

남편은 퇴근 후에도 신나게 여가를 즐기러 나간다. 대체 저 에너지는 어디서 나오는 걸까? 몸속 어딘가에 여가용 배터리를 따로 장착해 둔 건지도 모르겠다.

처음엔 나와 너무 다른 남편의 생활 패턴이 솔직히 좀 얄밉게 느껴졌다. 나는 공연 끝나면 곧장 집으로 직행인데, 여가를 즐기러 가다니!

공연을 앞두고 내가 "어떡하지? 할 수 있을까?"라며 걱정으로 머리가 복잡할 때면, 남편은 아주 단순하고 명쾌한 답을 내려준다. "연습했잖아. 해봤잖아. 그럼 그냥 하면 되지. 뭐가 걱정이야." 이게 손준호식 응원이다. 장애물이 있으면 그냥 넘으면 된다는 거다. 투덜대지 말고, 어차피 해야 할 거면 담담히 넘어가자는 것.

남편은 자신의 말대로 여유롭게 연습을 즐기다가 무대 위에서 200%를 터뜨린다.

나도 공연 전에 그의 말을 되새기며 덜덜 떨리는 마음을 다잡는다. 물론 걱정과 염려도 한가득 안고 무대에 올라간다. 그런데 신기하게도 공연이 끝나면 이런 생각이 든다.

'아니, 이걸 왜 그렇게까지 걱정했지?'

인정하기 싫지만… 남편 말이 맞는 경우가 많다. 그래서 더 얄밉다. 진짜!

얼마 전《명성황후》공연 중에 우리 부부가 동시에 감기에 걸린 적이 있었다(전국적으로 감기가 유행하던 시기였고, 함께 공연하던 배우들 사이에서도 바이러스가 돌던 참이었다!). 약을 먹고 몸살 기운은 좀 사라졌지만, 나는 기침이 멈추질 않았고, 남편은 목소리가 잘 나오지 않았다. 공연에, 홍보 일정까지 겹쳐서 몸도 마음도 꽤 지쳐있던 때였다. 그때도 나는 남편에게 힘들다고 푸념했고, 남편은 늘 그렇듯 태연하게 말했다.

"이미 걸렸잖아. 어쩔 수 없어. 해야 하는 일이잖아. 그럼 최선을 다하면 되는 거지. 뭘 걱정하고 그래."
그러게 말이다. 어차피 해야 하는 일이었다. 투덜대도 결국 무대엔 올라야 하니까.
최악의 컨디션이었지만, 다행히 우리는 무사히 공연을 마쳤다.

✦ ✦

해야 할 일이 생기면 없던 에너지도 솟는 걸까? '마음먹으면 못 할 게 없다'라는 말, 어쩌면 진짜일지도 모르겠다.

결국 나를 움직이게 하는 건 내 결심이 아니라, 눈앞에 놓인 상황이 아닐까. 그 상황이 발등을 찍고서야, 비로소 마음도 다리도 움직이니까 말이다.

하루에 마신 생수병 수

떨리고 걱정되는 마음이 없는 게 아니라, 내 입으로 긍정적인 말들을 계속 내뱉어야 더 힘내서 할 수 있잖아요. 당신과 내가 하는 일이 우리가 하지 않으면 누군가 대신해 줄 수 있는 일이 아니라 반드시 내가 해내야 하는 일이니까. 근심, 걱정하고 움츠리고 있기보다는 가슴 활짝 펴고 있는 거예요. 내가 그러고 있으면 당신도 훨씬 나아지고 점점 편해지는 얼굴로 변하는 게 보이니까 나도 덩달아 좋아지고 힘이 나더라고요. 이게 부부가 얻을 수 있는 시너지인 것 같아요. 서로에게 힘이 되는 긍정의 에너지요. 또 함께 공연할 때 더 좋은 이유 중 하나이기도 하고요. 그래서 항상 고마워요._**@준호**

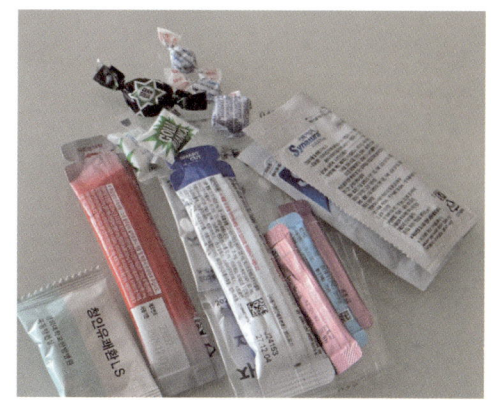

ㄴ 감기 투혼을 도와준 약들…ㅜ_@소현
ㄴ 역시 뮤지컬 배우는 목 관리가 제일 중요해ㄴ_@주안

"연습했잖아. 해봤잖아. 그럼 그냥 하면 되지. 뭐가 걱정이야."
이게 손준호식 응원이다.
장애물이 있으면 그냥 넘으면 된다는 거다.
투덜대지 말고, 어차피 해야 할 거면 담담히 넘어가자는 것.

오페라의 유령

'크리스틴'이라는 날개

많은 선배 배우들이 나에게 종종 이런 말을 한다.
"넌 진짜 운 좋았던 거야."

처음엔 그냥 덕담처럼 흘려들었지만, 시간이 지나 그 말을 곱씹다 보니 그 안에 담긴 진심과 무게가 조금씩 느껴지기 시작했다.

선배들이 데뷔 초 겪었던 공연계의 열악한 상황들, 말만 들어도 짐작이 가는 그 고된 시절.

2000년대 초반 한국 뮤지컬은 이제 막 꽃봉오리를 틔우기 시작한 시기였고, 내가 데뷔한 2001년은 그 산업이 본격적으로 피어나던 시점이었다. 그 황금기에 데뷔했으니, 고생 많던 선배들 눈엔 내가 '럭키'하게 보일 수밖에. 솔직히, 정말 감사할 따름이다.

나는 2001년 뮤지컬 《오페라의 유령》으로 데뷔했다.
그때는 뮤지컬이라는 장르 자체가 대중에게 아직 낯설던 시절이었다.
나는 클래식을 전공하고 있었고, 유학을 준비하던 중이었다. 그런데 어느 날, 학교 선배로부터 《오페라의 유령》 오디션 소식을 듣게 됐고, '좋은 경험 삼아보자'는 마음으로, '크리스틴 역' 오디션에 참가했다.
그 당시에는 뮤지컬에 큰 뜻이 있었던 것도 아니라 '붙으면 좋고, 아니면 말고' 하는 심정이었다. 근데 이게 또, 정말 운 좋게도 발탁이 된 거다!

국내 초연, 대작 뮤지컬, 첫 무대, 신인 배우….
조건만 보면 겁이 날 법한데… 나는 긴장하지 않았다. 지금 생각하면 좀 무모할 정도로 자신감이 넘쳤던 것 같다. 경험은 없었지만 연습한 대로만 하면 된다고 믿었다. 물론 주연은 아니고 얼터*였지만, 일주일에 세 번 정도 공연하며 그 무대를 진심으로 즐겼다.

물론 순탄하기만 했던 건 아니다.
'어색하다' '목소리가 역할과 안 어울린다'와 같은 뼈 때리는 피드백도 들었지만, 포기하지 않았다. '나만의 목소리'를 찾고 싶어서, 진짜 나답게 노래하고 싶어서, 꾸준히, 정말 꾸준히 노력했다. 그리고 그렇게, 나는 《오페라의 유령》을 통해 뮤지컬이라는 매력적인 세계에 깊이 빠져들게 됐다.

생각해 보면, 그 작품을 시작으로 거의 10년 가까이를 '뮤지컬 배우 김소현'을 찾아 헤맨 것 같다. 그리고 시간이 흘러 다시 《오페라의 유령》 무대에 섰을 때, 이런 마음이 들었다.
'내가 잘할 수 있는 걸 더 잘해내야겠다!'

크리스틴은 나에게 첫 무대, 그 이상의 의미를 갖고 있다.
아무것도 모르던 초짜 김소현에게 '배우'라는 날개를 달아준

---

* 주연 배우의 배역을 소수 회차로 나눠 공연하는 배우

인물. 그리고 그 날개로 더 멀리, 더 높이 날 수 있게 해준 고마운 존재.

✦ ✦

가끔 크리스틴을 연기하던 그 시절로 돌아가는 꿈을 꾼다.
'연습한 대로 하면 돼! 넌 할 수 있어!'
마치 주문처럼 되뇌며 무대에 올랐던 그때.
실수하지 말아야 한다는 부담보다 그저 무대에 선다는 사실 하나만으로도 가슴이 벅찼던, 아직 채우지 못한 게 훨씬 더 많았지만, 그래서 더 순수하게 빛나던 시절.
그 시절의 나에게 돌아갈 수 있다면 꼭 이렇게 말해주고 싶다.
"네가 가진 걸, 소중히 여기고 꼭 지켜나가!"

나에게 너무나 많은 것을 준 작품

우리 부부는 참 공통점이 많은 것 같아요. 데뷔작이 같고, 전공도 같고요. 각자의 데뷔작이 된 작품에서 배우자를 만났다는 점도 특별한 인연이자 공통점이죠. 《오페라의 유령》이라는 작품을 통해 뮤지컬이라는 장르에 매료되어, 온 힘과 열정을 쏟게 되었다는 점도 우리를 닮게 만든 부분이에요. 하지만 나에게 이 작품이 가장 특별한 이유는, 무엇보다 당신을 만나게 해주고, 사랑에 빠지게 해준 무대이기 때문이에요. 그것만으로도 이 작품은 내 인생에서 가장 소중한 선물이에요. 그 후, 뮤지컬을 누구보다 사랑하고, 아끼고, 때로는 자신을 덜어내며 헌신하는 당신의 모습을 보며, 나 또한 뮤지컬을 더 깊게 사랑하게 된 것 같아요. 내 삶에 뮤지컬이 먼저 다가왔지만, 어느 순간부터는 김소현이라는 사람이 그 어떤 것보다 소중한 존재가 되었다는 게 참 감격스럽고, 《오페라의 유령》의 음악처럼 아름답다는 생각이 드네요. "사랑한다 내게 말해줘요~." 무대 위에서 이 노래를 부르던 당신의 눈빛, 처음부터 예사롭지 않았는데… 행복하십니까?^^_@**준호**

사진 출처: 에스앤코

ㄴ 뮤지컬 데뷔 무대에서 불렀던 첫 넘버 〈Think of me〉. 그날의 그 감정은 절대 잊지 못한다! 평생 잊지 못할 《오페라의 유령》 크리스틴!!! _@소현
ㄴ 크리스틴-라울 나도 보고 싶어요!_@주안

사진 출처: 에스앤코

ㄴ 《오페라의 유령》으로 데뷔해 약 10년 뒤, 두 번째 《오페라의 유령》에서 처음 만난 남편! 그때 남편은 데뷔를 했고, 첫 상대역으로… 나를 만났다! 남편은 무대 밖에서도 나를 누나, 선배님으로 부르지 않고 크리스틴이라고 불렀는데… 그게 참 좋았다^^_@소현
ㄴ 아빠의 플러팅!!_@주안

실수하지 말아야 한다는 부담보다
그저 무대에 선다는 사실 하나만으로도 가슴이 벅찼던,
아직 채우지 못한 게 훨씬 더 많았지만,
그래서 더 순수하게 빛나던 시절.
그 시절의 나에게 돌아갈 수 있다면 꼭 이렇게 말해주고 싶다.
"네가 가진 걸, 소중히 여기고 꼭 지켜나가!"

마리 퀴리 1

애썼어 마리, 참 충분한 삶이었어

2023년, 생각지 못한 도전을 하게 됐다.
바로 과학자 마리 퀴리의 일생을 그린 작품에서 마리 퀴리 역을 맡게 된 것이다.

《마리 퀴리》 제안이 들어왔을 때 내 상황은 썩 좋지 않았다. 결혼과 출산으로 잠깐, 딱 6개월 정도 쉰 걸 빼면 제대로 쉬어 본 적이 없었다. 쉴 틈 없이 달려온 탓일까. 그때 처음으로 '이렇게 살아도 되는 걸까?' 싶은, 깊은 회의감이 몰려왔다. 답이 보이지 않아 막막할 무렵, 《마리 퀴리》를 만났다.

솔직히 말하면, 《마리 퀴리》를 연기하기 전까지 내가 다시 무대로 돌아갈 수 있을지 자신이 없었다. 그런데 《마리 퀴리》의 노랫말 하나, 대사 한 줄 한 줄이 어디선가 꺼져가던 내 열정에 불을 지펴주었다.

"애썼어 마리, 참 충분한 삶이었어."
친구 안느가 마리에게 마지막으로 건네는 이 대사를 들으면 어딘가 가슴 깊숙한 데서 뜨거운 감정이 올라왔다.
'애썼다—' 이 짧은 말이 이렇게 따뜻할 수 있을까?

우리는 대부분 '결과'를 본다. 무엇을 잘했는지, 못했는지.
잘했어도 "다음엔 좀 더 이렇게 해보면 좋을 것 같아"라는 말을 듣는다. 물론 필요한 말이지만, 가끔은 그 말에 지치기도 한다.
그런데 누군가 "그만하면 됐어. 넌 충분히 잘했어"라고 말해주면, 마음 깊은 곳까지 잠잠해지는 기분이 든다.

배우로서 방향을 잃고 있던 그 시기, 나는 마리 퀴리의 삶을 연기하면서 뜻밖의 위로를 받았다. "괜찮아, 충분히 잘하고 있어." 그 말 한마디가 그렇게 따뜻하게, 그렇게 강하게 다가

올 줄은 몰랐다.

자신을 갉아먹을 정도로 몰입하며 라듐을 발견해 낸 마리의 열정은, 복잡한 생각 속에서 맴돌던 나를 붙잡아 일으켜 세워주었다. 마리 퀴리가 라듐을 발견해 가는 장면을 연기할 때, 내 온몸에 소름이 돋고 심장이 '쿵' 하고 울렸다.

"그래. 아무도 믿어주지 않아도, 길이 보이지 않아도 나는 나를 믿어야지."

진짜 '나 자신'을 마주하는 용기를 선물해 주었다.

✦ ✦

공연 내내 마리는 내게 속삭이듯 다가왔다.

'지금껏 잘했어. 이제 다시 시작하면 돼.'

공연장을 찾아주신 관객분들 역시, 나와 비슷한 감정을 느꼈다고 전해주셨다. 그 얘기를 들을 때마다 눈시울이 뜨거워지고, 후기를 볼 때마다 마음이 몽글몽글해졌다.

'끝까지 포기하지 않고 꿈을 향해 나아갈 이유가 생겼습니다!'

'제 인생의 동기부여가 됐어요.'

그리고, 잊을 수 없는 한 문장.

'마리 퀴리가 무덤에서 고마워했을 것 같네요!'

이보다 더 큰 찬사가 있을까?
대사 하나하나에 진심을 담으려 했던 그 모든 순간들이 그 한 문장으로 보상받는 기분이었다.

《마리 퀴리》는 내게 단순한 작품이 아니었다. 잠시 놓쳤던 나를 다시 만나게 해준 시간, 내 인생의 '라듐'을 다시 찾게 해준 고마운 작품이다.

당신의 라듐은 무엇인가요?

《마리 퀴리》 공연의 첫 무대를 본 날을 잊을 수가 없네요. 평소처럼 실존 인물을 연기할 때마다 그 인물을 깊이 이해하기 위해 끊임없이 노력하던 당신이지만, 이번엔 좀 달랐죠. 우리에게는 낯선 수학 공식을 외우고, 능숙하게 칠판에 적어 내려가며, 마치 몸에 수학자, 공학자의 정체성을 장착하려 애쓰던 당신의 모습이 안쓰럽기도 했지만, 그만큼 더 존경스러웠던 시간이었어요. 무대 위에 김소현은 온데간데없고, 공연 내내 마리 퀴리 박사의 모습으로 완전히 몰입한 당신을 나는 숨죽이며 바라봤어요. 사랑스럽고, 때로는 답답하고, 카리스마 넘치고, 또 존경스러운… 그 모든 얼굴이 담긴 마리 퀴리의 이야기를 보며, 공연이 끝난 뒤 커튼콜에서 느꼈어요. '정말, 노력은 배신하지 않는구나'라고. 그리고 동시에, '나도 무대에서 저렇게 감동을 전하는 배우로 서고 싶다'는 마음이 들더군요. 함께 살을 비비며 사는 사람에게 이렇게 진심 어린 감동을 전할 수 있는 당신의 에너지가, 정말 크게 느껴졌네요. 고생 많았어요. 당신의 노력이 정말 빛났습니다._@**준호**

사진 출처: 콘텐츠제작사 라이브(주)

ㄴ 새로운 도전! 내 인생에 참 많은 교훈을 준 작품!_@소현
ㄴ 난 엄마가 주기율표도 모를 줄 알았어요ㅎㅎ_@주안
ㄴ 인간적으로 주기율표는 아직도 외운다 주안아ㅋㅋ근데 맥스웰방정식은 정말 외우느라 죽을 뻔…l_@소현

그런데 누군가
"그만하면 됐어. 넌 충분히 잘했어"라고 말해주면,
마음 깊은 곳까지 잠잠해지는 기분이 든다.

마리 퀴리 2
모든 반짝이는 별들의 삶을 함께해 주셔서 감사합니다

그날은 2년 만의 뮤지컬 복귀작《마리 퀴리》서울 공연의 마지막 날, 2막이 시작되기 직전이었다.

서울 공연의 끝이 눈앞에 다가온 그 순간, 나는 이제《마리 퀴리》를 떠나보내야 한다는 아쉬움과, 끝까지 함께해 주신 관객분들에 대한 감사함이 뒤섞인 벅찬 감정을 간신히 붙잡고 있었다.

조명이 어두워지면서, 여느 때처럼 하우스 어셔의 멘트가 흘러나왔다.

"2막이 시작되면 핸드폰을 꺼주시고, 촬영은 배우들의 개인 인사가 끝나고 노래가 시작될 때부터 가능하오니…."
공연마다 늘 듣던 익숙한 멘트. 이 멘트가 끝나면 바로 무대로 나가야 하기에, 나는 마음을 다잡으며 긴장을 가라앉히고 있었다. 그런데 그다음 멘트는 전혀 예상치 못한 내용이었다.

"지금까지 마리와 모든 별들의 삶을 함께해 주셔서 감사합니다. 올 한 해 마리처럼 여러분도 당당히, 지금 가는 곳이 어디든… 멈추지 말고 끝까지 달려가시길 바랍니다. 즐거운 관람 되십시오. 감사합니다…."

하우스 어셔의 목소리는 감정이 북받친 듯 가늘게 떨렸고, 객석에는 잠시 적막이 흘렀다. 그리고 곧이어, 조용하던 공연장에 따뜻한 박수가 울려 퍼졌다.
공연이 다시 시작되기도 전, 안내 멘트에 박수가 터져 나온 건 배우 인생 20년 만에 처음 있는 일이었다. 가슴 졸이던 그 짧은 순간, 수많은 감정이 한꺼번에 밀려왔다.

배우라는 이름으로 살아오며, 나는 참 많은 인생을 경험해 왔다.

한 인물이 걸어온 인생과, 그 안에서 느꼈을 수많은 감정을, 마치 외줄타기하듯 위태롭고도 섬세하게 건너며 관객분들과 교감하려 애썼다.

조선의 국모, 프랑스의 왕비, 오스트리아의 황후⋯.
내 삶과는 거리가 먼, 감히 상상도 하기 어려운 인물들을 만날 때면, 대본을 들고 막막함에 잠시 멈칫하곤 했다.
단두대에 목이 잘리고, 장검에 세 번 베이고 단검에 찔리는 그 순간을, 도대체 어떻게 상상하란 말인가!

나는 극 중 인물이 처한 상황을 이해하고자 서점과 도서관을 전전하며 관련된 책들을 찾아 밤낮으로 읽었고, 한 장면을 위해 수백 번씩 대사를 되뇌었다. 그렇게 20년이 넘는 시간 동안 나는 수많은 작품과 인물을 만났고, 매번 '진심을 담는 것'에 온 마음을 쏟았다.

무대에 오르는 일은 참 행복한 일이지만, 매 순간이 꿈같았던 건 아니다.
욕심과 부담감, 그리고 예고 없이 찾아오는 슬럼프는, 때때로 나를 지치게 했다. '해야 하는 일'이라는 생각이 들기 시작하면 마음은 무뎌지고, 정신적으로 한계에 닿으면 모든 걸 내려놓고 싶다는 절망이 엄습해 왔다.

✦ ✦

그렇게 감정의 파도 위에 겨우 떠있던 나에게, 그날 하우스 어서의 멘트는 오래전 가슴에 품었던 불씨에 다시 생기를 불어넣어 주었다.
'그래, 진심을 담은 배우. 그게 바로 내가 걷고 싶은 길이었지!'

누군가의 인생에 길이 남을 '인생 작' '인생 배우'까지는 아니더라도, 먼 길 마다하지 않고 공연장을 찾아와 나와 함께 울고, 웃어주시는 관객이 단 한 분이라도 계시다면… 나는 끝까지, 내 모든 진심을 담아 무대에 서고 싶다.

최선을 다하겠습니다!

큰 울림을 전하는 한마디, 감동을 전하기 위한 무대 위의 열정. 배우들이 거짓 없이 온몸을 던져 캐릭터에 완전히 몰입하는 모습을 가장 가까이에서 지켜보며, 그 진심이 관객들에게 잘 전달되었기에, 그 울림이 멀리 퍼져나가지 않았을까요? 공연에서 그런 경험을 한 당신이 참 부럽네요. 억지로 할 수 있는 것도 아니고, 그걸 목표로 한다고 해서 쉽게 되는 것도 아니기에, 그 진심이 우리에게 감동으로 다가오는 게 아닐까 싶어요. 누구를 만나든 소중하고 조심스럽게 대하는 당신의 모습이 참 귀하고, 그런 모습을 자연스럽게 주안이에게 보여주며 가르치는 게 그 어떤 교육보다 소중하고 값지다고 생각해요. 우리 부부가 참 밝게 살아가고 있는데, 이렇게 글로 적으니 진지하게 최선을 다해 살아가고 있다는 생각도 드네요. 마리 퀴리 박사처럼요._@**준호**

ㄴ 객석을 볼 때마다 느껴지는 감정은 어떤 말로 표현할 수 있을까!_@소현

ㄴ 어떤 마음이 들어요?_@주안

ㄴ 엄마도 무대에 올라가기 전엔 늘 걱정이 많아. '잘할 수 있을까? 실수하면 어떡하지?' 이런 생각으로 가득하지. 그런데 막상 무대에 올라가서 그 역할에 들어가면, 이상하게도 모든 게 가능해져! 그 순간엔 정말 말로 다 못할 만큼 행복해!_@소현

ㄴ 이건 다 무슨 사진이에요?_@주안
ㄴ 처음 해보는 공연 폴라로이드 이벤트였는데, 내 사진을 선물로 받아 기뻐해 주신다는 게 참 부끄러우면서도 감사했지!_@소현

한 장면을 위해 수백 번씩 대사를 되뇌었다.
그렇게 20년이 넘는 시간 동안
나는 수많은 작품과 인물을 만났고,
매번 '진심을 담는 것'에 온 마음을 쏟았다.

03

인생은
가볍고 둥글게

더도 말고 덜도 말고
아몬드 초콜릿만 같아라

스트레스를 받을 때 생기는 일

주위에서 종종 묻는다.

내가 스트레스를 받으면 어떻게 해소하는 지를 말이다.

일 없는 시간이 오히려 불안한, 전형적인 '일 중독자'인 나는 사람 만나 수다를 떠는 것도 즐기지 않고, 뚜렷한 취미도 없다. 그러니 나를 가까이서 지켜보는 사람들은 진지하게 궁금해한다.

"너는 스트레스받을 때 어떻게 하니? 아니, 스트레스를 받긴 하는 거야?"

방송에서 비치는 내 밝은 모습도 분명 나의 일부다. 솔직하고 긍정적인 성격은 분명 내 안의 큰 축을 이룬다. 하지만 고민이 생기거나 걱정이 밀려들기 시작하면, 나는 한없이 작아진다. 쪼그라들고, 가라앉고, 때로는 꽤 우울해지기도 한다. 이런 내면을 모르시기에, 방송을 보신 분들이 가끔 이렇게 물으신다.

"어떻게 매일 그렇게 밝을 수 있어요?"
그럴 때마다 나는 속으로 조용히 답한다.
'아니요… 그렇지 않아요….'

기본적으로 나는 예민한 사람이다. 스트레스를 잘 받고, 또 잘 쌓아둔다. 한 가지 생각에서 시작해 끝없이 가지를 치며, 결국 스스로를 지치게 만든다. 해결이 되지 않는 문제를 붙잡고 속만 태우다가 결국엔, 시간이 해결해 주기만을 초조하게 기다린다.

그래도 굳이, 나만의 스트레스 해소법 하나를 꼽자면 그건, '아몬드 초콜릿'이다.
선택했다기보단, 본능적으로 찾게 되는 유일한 탈출구랄까?

나는 스트레스를 받으면, 혼자 씩씩대며 간식 서랍을 연다.
그리곤 묻지도 따지지도 않고, 아몬드 초콜릿을 집어 든다. 그냥 초콜릿은 안 된다. 꼭, 반드시! '아몬드 초콜릿'이어야 한다!
아몬드 초콜릿 한 알을 입에 넣고 오도독— 씹는 그 순간! 고소하고 달콤한 맛이 입안 가득 퍼질 때면, 머릿속 어딘가에 별 하나가 반짝 켜지는 느낌이 든다.
속상한 일이 생기면, 아몬드 초콜릿을 씹으며 억울한 마음도 함께 와드득 씹어 삼킨다.

얼마 전, 남편과 말다툼을 했을 때도 그랬다.
일 때문에 예민해져 있던 찰나, 남편은 내 속도 모르고 불난 데 기름을 붓더니, 거기다 부채질까지 했다. 답답함은 금세 폭발 직전까지 치달았고, 간신히 침대에 누웠지만 도무지 잠이 오지 않았다.

어느새 새벽 2시.
'어떡하지? 너무 화가 나는데?'
나는 조명도 켜지 않은 채 사막에서 물을 찾듯 더듬더듬 간식 서랍을 열었다. 아몬드 초콜릿 등장— 두 알을 꺼내 입에 넣었다.

"와드득 와드득."
'어떻게 나한테 그런 말을 할 수가 있지?'
"와드득 와드득."
남편의 말까지 같이 씹어 삼켰더니, 금방이라도 '이불킥'할 것 같던 화가 조금씩 가라앉았다.

✦ ✦

비난의 말이 유난히 아프게 다가오는 건, 어쩌면 그 말이 마음의 정곡을 찌르기 때문이 아닐까.
요즘 아이들 말로 '긁'. 정말, 마음을 긁는 말은 듣기 괴롭다. 아무리 옳은 말이라도 초콜릿처럼 부드럽게 해줄 수는 없었을까. 그 생각을 하며 나는 아몬드 초콜릿 한 알을 더 꺼내 입에 넣었다.

그러다 문득, 나도 누군가에게 그렇게 날카로운 말을 했을지도 모른다는 생각이 들었다. 그 사람을 위한다는 핑계로, 내 말이 돌처럼 콕콕 박혀 상처를 냈을지도.
그 생각이 들자, 나 역시 그런 말을 할 자격이 있었나 싶어 문득 부끄러워졌다.

그래, 더도 말고 덜도 말고 아몬드 초콜릿만큼만.
서랍 속 초콜릿처럼 늘 곁에 있으면서, 달콤하고 따뜻한 말로
누군가의 마음을 살살 녹여줄 수 있는 사람. 나도 그런 사람
이었으면 좋겠다.

Almond Chocolate

내 마음을 풀어줘

내가 늘 당신에게 "당신이 격정의 드라마를 쓰는 작가를 했으면 정말 대단한 히트 작가가 됐을 텐데"라고 말하잖아요. 그런데 당신의 글을 읽다 보니, 내가 했던 그런 말도 당신 마음을 상하게 했을 수도 있겠다는 생각이 들었네요. 미안해요. 사과의 말을 전합니다. 이미 당신은 서랍 속 초콜릿보다 더 달콤하고, 폭신한 솜사탕 같은 사람이에요. 곁에 있으면 자꾸 눈길이 가고, 함께 있으면 늘 즐거운 사람이니까요. 이런 솜사탕 같으니라고!♡_@준호

┖ 모든 힘든 마음을 한순간에 잠재워 주는 아몬드 초코볼!!!_@소현
┖ 엄마 닮아서 나도 단 거 좋아하잖아요ㅎ_@주안
┖ 그래도 먹지 말아야 할 땐 엄마보다 잘 참더라! 대단해^^_@소현

┖ 엄빠가 웃는 거 보니까 저까지 웃게 되는 거 같아요!_@주안
┖ 이렇게 매일 웃으면서 살자!^^ 근데 저 날은 사이가 좋은 날이어서 그런지 진짜 행복해 보이네^^_@소현

그러다 문득, 나도 누군가에게
그렇게 날카로운 말을 했을지도 모른다는 생각이 들었다.
그 사람을 위한다는 핑계로,
내 말이 돌처럼 콕콕 박혀 상처를 냈을지도.
그 생각이 들자, 나 역시 그런 말을 할 자격이 있었나 싶어
문득 부끄러워졌다.

거기서부터는 오지랖이야

위로와 오지랖 사이

얼마 전, 후배에게 연락이 왔다.

지금 만나고 있는 남자친구에게 이런저런 단점이 있는데, 계속 만나는 게 맞는지 모르겠다는 거였다.

한참을 듣고 있던 나는, 두 가지 상황을 그려보았다. 이별을 선택했을 때 생길 수 있는 결과, 그리고 관계를 이어갔을 때의 미래.

물론 그게 정답인지는 알 수 없지만, 적어도 '가능성' 있는 이야기였다. 내 말을 조용히 듣고 있던 후배는 고개를 끄덕이더니, 말없이 잠잠해졌다. 나는 마지막으로, 진심을 담아 한마디를 덧붙였다.

"답은… 이미 네가 알고 있을 거야."

말을 하고 보니, 최근에 본 이혼 전문 변호사들 이야기를 담은 한 드라마* 속의 장면이 딱 떠올랐다.
부서 이동을 두고 고민하던 후배 변호사가 선배에게 조언을 구하는데, 선배가 이렇게 말한다.
"답은 너만 알고 있는 거 알지?"
또 감정에 휩쓸린 후배가 사건에 과몰입할 때마다 선배는 단호하게 말했다.
"거기서부터는 오지랖이야."

어쩌면 내가 누군가를 위로할 때 꼭 기억해야 할 말이기도 하다. 위로와 오지랖. 그 사이에는 아주 얇고 미묘한 선이 있다. 그 선을 잘 지키면 따뜻한 위로가 되지만, 무심코 넘어서면 오지랖이 되는 법. 위로란, 함부로 해서는 안 된다고 생각한다. 잘못된 위로는 상처를 남기고, 때로는 관계마저도 어긋나게

* 〈굿파트너〉(SBS, 2024)

만들기 때문이다.

아무것도 모르던 철부지 20대 시절, 나는 고민이 생기면 주저 없이 주변 사람들에게 털어놓곤 했다. 워낙 생각이 많고 결정을 잘 못하는 성격이라, 누가 뭐라고 말하면 그 말에 휩쓸리기 일쑤였다. 이상하게 조언을 들으면 들을수록 마음은 더 복잡해졌다. 게다가 믿고 털어놓은 이야기가 와전돼 돌아다닐 때는…! 해결은커녕, 괜히 혹 떼러 갔다가 열 배나 더 큰 혹을 붙이고 오는 기분이었달까. 그런 일이 몇 번 반복되고 나서 나는 마음을 먹었다. 앞으로는 사람들에게 고민을 쉽게 털어놓지 않기로.

결혼 후에는 남편이 하소연 대상이 되었다.
속 터지는 일이 있어도 정작 당사자에게는 싫은 소리를 못 하고, 집에 와서 남편에게 쏟아냈다. 신혼 때, 남편은 굳이 잘잘못을 따져가며 판결을 내려주려 했다.
"에이, 그 사람이 오해한 거겠지."
"아니 여보, 내가 지금 그 얘기를 듣자고 말하는 게 아니잖아."
"그 사람 입장에서도 한번 생각해 봐."
이렇게 말하는 남편이었다.

따뜻한 위로의 한마디가 간절했던 나는, 남편 대신 어린 주안이를 앞에 두고 이야기를 하게 됐다.
주안이는 풀이 죽은 내 표정을 읽은 듯 나를 빤히 쳐다보기도 했고, 가끔은 내 머리를 쓰다듬어 주기도 했다.

그렇게 시간이 흘러 주안이는 어느새 초등학생이 되었고, 어느 날 밥을 먹다 말고 툭 이런 말을 꺼냈다.
"엄마, 근데 옛날에 엄마 속상하게 했던 그 사람은 요즘 어떻게 지내?"

오. 마이. 갓.
뭐라고? 그 이야기를 기억하고 있었다고?
"주안아, 그걸 어떻게 기억해? 엄마가 너 아주 어릴 때 얘기했던 건데?"
"응, 기억나. 엄청 속상해했잖아."

아찔했다.
그때, '내가 지금 아이한테 뭐 하는 짓인가.' 싶어 다신 그런 하소연을 하지 않았는데, 그만두기를 정말 잘했다는 생각이 들었다.

그리하여 지금의 나에겐, 고민을 들어줄 사람이 딱히 없다.
그래서 어떻게 하느냐고? 혼잣말을 한다.
"아니, 어떻게 그럴 수가 있지? 진짜 너무하네!"
"그래, 나도 좋다 이거야!"
화장대 앞에 앉아 이렇게 투덜투덜하고 있으면, 남편이 슬며시 나타나 묻는다.
"뭐라고? 나 불렀어?"

이렇게라도 뱉어야 속이 좀 풀린다. 그게 내 방식이다.

고민을 들어줄 이가 없고, 위로받는 일에 익숙하지 않다 보니, 나 역시 누군가의 이야기를 들을 때 더 조심스러워졌다. 한 사람의 고민이 얼마나 무겁고, 그 마음을 꺼내기까지 얼마나 시간이 걸렸을지 알기에 위로란 늘 신중해야 했다.

어쩌면, 고민을 가지고 찾아오는 사람의 마음속에는 이미 '어느 정도의 답'이 있는지도 모른다. 확신이 없기에 확인받고 싶어서, "그래, 네가 맞아"라고 말해줄 누군가가 필요해서 이야기를 꺼내는 게 아닐까.

그러니, 내 역할은 어쩌면 '말'이 아닌 '귀'일지도.
가만히, 조용히, 귀 기울여 주는 것만으로도 그 사람의 선택에 용기를 얹어줄 수 있을 테니까.

내 얘기를 좀 들어줘

소현~ 나도 학교에서 강의를 해온 지 꽤 오랜 시간이 흘렀더라고요. 어제 무대에서 느꼈던 것들, 필드의 생생함을 학생들에게 전하고 싶다는 마음이 커서 '이렇게 해보자, 저렇게 해보자.' 늘 말이 많았던 선생이었던 것 같아요. 그게 맞다고 믿던 시기도 있었고요. 그런데 어느 순간, 당신과 비슷하게, 내 의도와는 다르게 이해하고 받아들이는 학생들도 있다는 알게 된 후로는, 내 강의 방식에도 많은 변화가 생겼답니다. 이제는 당신 말을 더 들어주고, 적극적으로 표현해야겠다는 생각이 드네요. 당신의 글을 읽으며, 들을 때와는 또 다르게 보이고 느껴지는 것들이 새롭게 다가오네요. 이 책이 우리 부부에게 작은 터닝 포인트가 되어주면 좋겠다는 생각이 들어요. 나에게 우린, '귀'에서 '눈'이네요^^._@**준호**

ㄴ 진지한 나_@주안

ㄴ 마리 앙투아네트가 죽기 전 머물렀던 감옥에서 엄마가 역사 이야기를 들려줬는데 주안이가 진짜 진지하게 들어줬어. 저 때가 주안이 6살인가 그랬는데, 그때 주안이 표정이 너무 진지해서 '많이 컸구나 우리 아들' 생각이 절로 들었지!_@소현

ㄴ 내가 맨날 무슨 일이든 오버하면서 말을 하니 남편은 저런 표정으로 "진짜야?"라며 들어준다!_@소현

ㄴ 엄마는 좀 오버쟁이긴해요ㅋㅋ_@주안

ㄴ 근데 그림이랑 아빠랑 진짜 똑같다 그치!ㅎㅎ_@소현

어쩌면, 고민을 가지고 찾아오는 사람의 마음속에는
이미 '어느 정도의 답'이 있는지도 모른다.
확신이 없기에 확인받고 싶어서,
"그래, 네가 맞아"라고 말해줄 누군가가 필요해서
이야기를 꺼내는 게 아닐까.

무대 밖은 위험하지 않아

예능에 출연하는 이유

간혹 인터뷰를 할 때, 꼭 받는 질문이 있다.

"드라마는 왜 자주 안 하세요?"

음… 이유가 있다. 드라마는 나에게 참, 어렵다.

몇 년 전 〈스물다섯 스물하나〉 촬영을 하면서 그걸 다시금 뼈저리게 느꼈다.

드라마는 한 씬을 찍을 때마다 내 쪽에서 한 번, 상대편에서 한 번, 바스트 샷, 전신 샷 등등… 정말 여러 번을 반복해서 찍는다. 같은 장면을 반복하다 보면 감정선이 달라지기 쉬운데, 표정도 억양도 그대로 유지해야 하니 이게 말처럼 쉽지가 않다.

나는 공연장에서 연기하는 배우다.
무대에서 연기를 할 땐, 관객에게 감정을 또렷하게 전달해야 하니 모션도 표정도 '잘 보여야' 한다. 익숙해진 방식이다.

그런데 TV는 다르다. 카메라가 눈 떨림 하나, 모공 하나까지 타이트하게 잡고 들어오니까… 어우, 신경 쓸 게 한두 가지가 아니다. 표정, 동작, 시선, 톤, 억양… 하나도 허투루 넘길 수 없다. 게다가 연습도 혼자 오래 한다. 대본을 외우고 감정 잡고, 그러고 나서야 상대역과 현장에서 호흡을 맞춘다. 각자 완벽히 준비돼야 합이 맞고, 그래야 촬영이 가능해진다.

물론, 당연히 뮤지컬도 연습이 중요하다. 하지만 거기선 '합'이 훨씬 더 중요하다.
한정된 무대에서 철저히 준비된 공연을 매일 반복하기 때문에 음악, 동선, 파트너와의 호흡이 핵심이다. 뮤지컬은 '현장감'의 예술이고, 드라마는 '디테일'의 예술이다. 드라마에 녹화라는 장점이 있긴 하지만, 내가 NG를 한 번 내면 수십 명이나 되는 스태프들의 시간이 다 날아간다. 그러니 그 압박감이 꽤나 상당하다.

〈스물다섯 스물하나〉에서 나는 '현재의 나희도(여주인공)' 역할을 맡았다.
첫 촬영부터 덜컥 부담감 폭발. 그런데 하필 첫 대사가 이거였다.
"야 이놈아!"

평소에 잘 쓰지 않는 말인데다가, 공연에서도 해본 적이 없던 대사라, 어색하기 그지없었다.
감독님이 말씀하셨다.
"소현 씨, 그 부분 조금만 더 크게 해볼래요?"
"야… 이놈아…!"
이게 생각처럼 안 되는 거다. 머리로는 어떤 감정인지 알겠는데, 입에서 나오는 소리는 다른 언어처럼 낯설었다.

몇 번이나 그 대사만 반복하다가 다행히 감독님이 좋게 봐주셔서 결국 잘 찍고 넘어갔지만, 그 씬을 떠올리면 지금도 얼굴이 다 화끈거린다. "다시 찍을게요!" 소리가 날 때마다 죄송하고 민망해서 고개를 들 수가 없었다.

그때 결심했다. 뮤지컬이 아닌 다른 장르를 할 때는 정말 더욱 더 철저히 준비하고, 더 열심히 해야겠다고.

반면 예능은 좀 다르다.
내 일상과 방송 속 내 모습이 거의 다르지 않기 때문에, 연기를 할 필요가 없다. 그냥 하고 싶은 말을 하고, 떠오르는 대로 리액션하고 웃고. 이게 되니까 마음이 훨씬 편하다. 다행히, 그런 내 모습을 좋게 봐주시는 분들이 많아, 예능 섭외가 오면 즐겁게 출연하게 된다.

10여 년 전, 한 예능 프로그램에 출연했을 때 개그맨 유세윤 씨가 한 말! "자네는 신촌 가서 먹게(설명은 생략할게요. 영상으로 검색해 보시길…^^;)"는 이후 내 남편의 유행어가 되었다.
심지어 행사장에서는 본인이 먼저 이렇게 인사한다. "안녕하세요. 저는 신촌 가서 밥 먹는 손준호입니다~." 이쯤 되면 본인도 제법 즐기는 눈치다.

얼마 전 내가 라디오 스페셜 디제이로 나갔을 때, 한 청취자분이 '신촌' 관련 사연을 보내오셨다. 그러자 또 자연스럽게 남편 이야기가 소환됐다.

심지어 어떤 분은 아빠가 방송에서 '싱겁게 먹기 실천 연구회'를 운영한다는 걸 보시고는, "자네는 신촌 가서 싱겁게 먹게"로 업그레이드된 버전을 던져주시기도 했다. 그저 감사할 따름이다.

우리 부부가 모두 뮤지컬로 데뷔해서, TV를 보시는 많은 분들에겐 익숙하지 않을 수도 있었는데, 이렇게 예능을 통해 얼굴을 비추고, 부족하게나마 웃음을 드릴 수 있는 것 자체가 얼마나 감사한지 모른다.

나를 필요로 하는 곳이라면, 어디든 달려가고 싶은 마음, 그게 내 솔직한 마음이다.

✦ ✦

뮤지컬이라는 무대 밖으로 한 걸음만 나가보면, 보지 못했던 또 다른 세상이 있다는 걸 알게 된다.

한곳에만 집중하면 어느 순간 욕심이 생기고, 그만큼 잘 못해내는 자신에게 실망하게 되며, 익숙한 루틴 속에서 숨이 막히기도 한다. 하지만 무대 밖, 그 너머의 세상에 발을 디뎌보면 배울 것들이 참 많다.

내가 지금 잘하고 있는 걸까? 나만 뒤처지는 건 아닐까? 이 일이 맞는 걸까?

이런 고민이 들기 시작했다면, 잠시 무대에서 내려와도 괜찮다.

시야를 넓혀서 두루두루, 더 많은 걸 보고 배우는 시간.

어쩌면, 그게 지금일지도 모른다.

무대 밖으로 나가면 펼쳐지는 또 다른 세상

우리가 동시에 같은 출발선에서 시작한 건 '엄마, 아빠'라는 새로운 역할이었죠. 이유도 모르는 주안이의 울음소리에 허둥지둥하던 순간도 있었고, 주안이가 우리를 향해 미소 지어주는 모습을 보며 세상을 다 가진 듯한 벅찬 감동을 느꼈던 시간. 그렇게 함께 울고 웃으며 감사함을 나누며 걸어온 그 여정은, 무대 밖, 우리의 진짜 삶이었어요. 그 외의 많은 순간에는 먼저 경험한 당신의 조언들이 늘 큰 힘이 되어주었죠. 때로는 길잡이가 되어주고, 때로는 지름길이 되어주며, 무엇보다도 위험하지 않게 방향을 잡아주는 좋은 가이드가 되었다는 생각이 드네요. 이제 더 시야를 넓혀 더 많은 걸 새롭게 시작한다면, 그 새로운 시작에 나와 함께한다면, 그 출발이 우리가 두 번째로 함께하는 출발이라 더 설레고, 더 잘해낼 수 있을 것 같은 믿음이 생기네요! 스물하나, 스물다섯 같은 당신! 출발!_@준호

ㄴ 드라마 〈스물다섯 스물하나〉! 정말 많은 깨달음을 주었던 작품이다!_@소현
　친구들이 엄마 드라마 나와서 신기해했어요!_@주안
ㄴ 두바이 여행 갔을 때도 현지에 계신 분들이 많이 알아보셔서 진짜 놀라고 감사했어! 드라마의 영향력이 정말 대단하다는 걸 느꼈지! 엄마 보고 무비 스타라고^^;_@소현

ㄴ 언제나 최선을 다하는 우리 엄마ㅣ_@주안
ㄴ 힘이 들다가도 주안이를 생각하면 에너지가 다시 활활 솟아오르지! 주안이는 엄마의
비타민!!!_@소현

한곳에만 집중하면 어느 순간 욕심이 생기고,
그만큼 잘 못해내는 자신에게 실망하게 되며,
익숙한 루틴 속에서 숨이 막히기도 한다.
하지만 무대 밖, 그 너머의 세상에 발을 디뎌보면
배울 것들이 참 많다.

헤세의 습관이 필요한 순간

비시즌 스케줄

나의 일과는 이렇다(공연이 없는 비시즌 기준).

새벽 5시 반 기상.

주안이가 학교에 입학한 후로 한 번도 이 시간을 벗어난 적이 없다. 전날 스케줄이 늦게 끝나 새벽 2~3시에 들어와도, 아침 5시 30분이면 어김없이 눈이 떠진다. 일단 머리를 질끈 묶고 부엌으로 직행. 아침을 준비하는 게 하루의 시작이다.

그다음은 주안이의 준비물 체크!
체육복은 이틀에 한 번 가져가야 해서 미리 세탁해 준비해 둬야 하고, 필요한 것도 한 번 더 확인한다. 중학생이 된 주안이가 스스로 잘 챙기긴 하지만, 엄마 마음이 어디 그런가. 한 번 더 체크하고 나서야 마음이 놓인다.
준비가 끝나면 주안이를 스쿨버스에 태우고, 나도 아침을 챙겨 먹은 뒤 본격적인 청소 모드에 돌입한다.

청소기를 돌리고 설거지를 한 다음, 드디어 자유시간.
이때의 기쁨이란! 소파에 푹 파묻혀서 뉴스를 본 뒤 예능 프로그램을 몰아본다. 웃다가 간식도 하나 집어먹고, 아무 생각 없이 깔깔거리는 이 시간이 내겐 최고의 힐링이다.

그러다 보면 어느새 주안이 하교 시간.
서둘러 도시락을 싼다. 김치볶음밥, 유부초밥, 계란말이 같은 기본 메뉴가 주를 이룬다.
하교 버스에서 주안이를 픽업한 뒤엔, 일주일에 두 번은 동네 학원, 세 번은 강남에 있는 학원으로 데려다준다. 학원 수업이 2~3시간 정도라 집에 돌아올 수 없는 날도 많다. 그럴 땐 백화점에서 장도 보고 이것저것 구경하거나, 카페에 앉아 커피 한잔을 마시며 대본을 보거나, 밀린 연락을 처리하곤 한다. 그런데 문제는, 꼭 이 시간에 일이 겹쳐 들어온다는 거다.

얼마 전엔 주안이를 기다리며 쉬고 있는데 출연 예정이던 프로그램 작가님에게 전화가 왔다. 방송을 위한 사전 인터뷰였다. 녹화 일정이 정해져 있어서 놓칠 수 없는 타이밍. 마음은 조마조마했지만 인터뷰를 끝까지 할 수밖에 없었고, 끝나자마자 주차장으로 달려가며 주안이에게 미안해 어쩔 줄 몰랐다. 이럴 땐 나도 참 난감하다.

집에 돌아오면 밤 9시.
주안이가 간식을 먹는 사이, 나는 다시 분주해진다. 세탁기를 돌리고, 도시락을 정리하고, 설거지를 한 뒤, 부엌을 정리한다. 그리고 분리수거를 마치면 건조기 속 빨래를 꺼내 개고, 내일 아침 준비를 끝낸다. 그러고 나면 어느새 자정. 그제야 비로소 '내 시간'이 시작된다. 나는 보고 싶던 글이나 기사들을 찾아 읽고, 이것저것 인터넷 검색을 하며 짧은 몰입의 시간을 즐긴다. 그리고 새벽 2시. 잠자리에 들고, 다시 아침 5시 반. 또 하루가 시작된다.

우리 부부는 직업 특성상 일정이 불규칙하기 때문에 역할 분담이 필수다.
누가 아침밥을 준비하고, 누가 주안이를 등교시키고, 누가 학원을 데려다주고 데려오는지… 일정을 테트리스처럼 맞춰야 한다. 누군가 해외에 나가있으면 남은 사람이 주안이의 모든 일정을 도맡아야 하니, 서로의 스케줄은 늘 꼼꼼히 공유한다.

주안이가 막 돌을 넘겼을 무렵, 서울대 합창단과 공연 연습을 한 적이 있었다.
그때의 주안이는 아직 너무 어려 연습 장소에 데리고 가는 게 망설여졌고, 주변에 맡길 곳도 찾아봤지만 그날따라 도무지 마땅한 곳이 없었다.

결국 나는 아기띠에 주안이를 안은 채 리허설에 참여했다.
오케스트라에 합창까지, 공연장 사운드는 제법 쩌렁쩌렁했다. 아이에게 자극이 될까 걱정도 됐지만, 주안이는 말똥말똥한 눈으로 아기띠 안에 얌전히 안겨있었다.
혹시나 방해가 되지 않았을까 함께 연습한 분들에게도 죄송했고, 이런 환경에 아이를 데려온 엄마로서, 주안이에게 미안한 마음도 컸다. 그날 이후 '이렇게는 안 되겠다' 싶어, 남편과 스케줄 조율을 훨씬 더 철저히 하게 됐다.

우리 부부가 일만큼이나 중요하게 여기는 것이 하나 있는데,

바로 주안이의 학교 행사다.

핼러윈 파티, 견학, 체험 활동 등 웬만하면 다 참석하려 한다. 지금도 나는 몇 년째 스쿨버스 학부모 대표를 맡아, 문제 발생 시 업체와 학부모 사이를 조율하는 중간 역할을 하고 있다. 그래서 핸드폰을 늘 손에서 놓을 수가 없다. 게다가 거절을 잘 못하는 성격이다 보니, 부탁이 들어오면 일단 "네!"부터 하고 본다. 그러니 일이 줄지를 않고, 이제는 바쁜 게 오히려 더 편하게 느껴질 정도다. 시간이 비면 오히려 어색해서, 일부러라도 뭔가 할 일을 만들어 하루를 꽉 채우곤 한다.

✦ ✦

이런 내 일상을 보며, 헤르만 헤세는 아마 고개를 절레절레 흔들었을지도 모르겠다.
그는 이렇게 말했다고 전해진다.
'화요일에 할 일을 목요일로 미뤄본 적이 없는 사람은 불쌍하다. 그렇게 하면 수요일이 즐거워질 수 있다는 걸 모르기 때문이다.'

헤세는 정원을 가꾸고, 그림을 그리며 말년을 조용히 보냈다고 한다. 그에 비하면 나의 삶은 정신없고 다이내믹하다. 내가 언제쯤 여유를 누렸는지, 떠올리면 아득하다.

'평생을 여유롭게 살 순 없겠지만, 일주일에 한 번쯤은 가능하지 않을까?'
문득 그런 생각이 들었다. 그래서 다짐했다. '여유를 부리고 싶게 만드는 무언가'를 만들어 보자고.

집안 구석에 작은 정원을 꾸미거나, 핸드드립 커피를 내려보거나, 그림을 그리는 것도 좋겠다. 아니, 그보다 먼저 해야 할 일은, 오늘 할 일을 살짝 내일로 미루는 용기. 그 자리에 여유한 스푼을 살포시 올려두는 것. 그것부터가 시작일지도 모르겠다.

오늘의 할 일. 멍 때리기

당신이 주안이를 품에 안고 리허설을 하던 그 시기에는, 지금처럼 아이와 함께하는 엄마, 아빠의 모습이 일터에서 그렇게 환영받던 때는 아니었던 걸로 기억해요. 그때 오케스트라에도, 주안이에게도 미안해하며 리허설을 했을 당신을 생각하면서, 나 또한 마음이 무겁고 아팠던 기억이 아직도 생생하게 남아있네요. 지금 떠올려도 마음이 참 저려옵니다. 주안이와 내가 당신 곁에 없던 시절, 당신은 오롯이 일을 사랑하며, 그 누구보다 최선을 다해 살아왔고, 지금은 가족과 아이를 품에 안으면서도 여전히 일에 대한 책임과 열정을 놓지 않고 살아가고 있죠. 그래서 많은 사람들이 지금의 '김소현'을 기억하는 것이 아닐까, 남편으로서 조심스럽게 말할 수 있을 것 같아요. 당신처럼 매 순간 열심히, 바쁘게, 최선을 다해 살아간다면, 때때로 여유를 꿈꾸고 이야기하는 것도 당연하다는 걸, 말해주고 싶네요._@**준호**

┕ 집밥이 최고야!_@주안
┕ 엄마도 집밥이 제일 좋아!_@소현

┕ 주안이 학교 핼러윈 장식 봉사하러 간 날! 남편은 뭐든 최선을 다한다! 어머니들 사이에서 열일하는 아빠! 최고!!!_@소현
┕ 아빠가 이렇게 열정적으로 만드신 줄 몰랐네요!_@주안
┕ 주안이 일이라면 엄빠는 항상 달려가지!_@소현

ㄴ 우리가 합작으로 만든 벽 장식 중에 제일 마음에 들었던 벽ㄴ_@소현
ㄴ 와! 이거 기억난다ㄴ_@주안
ㄴ 여기서 네가 찍은 사진이 있었던 것 같은데…_@소현

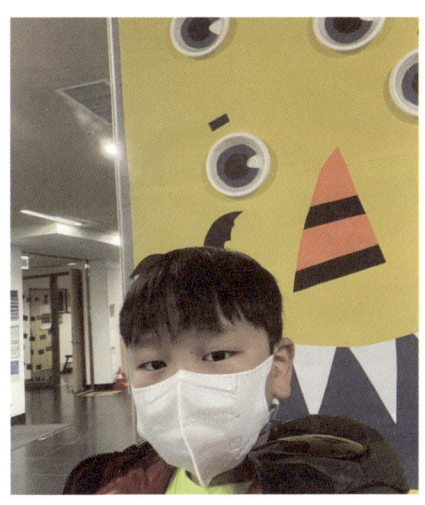

ㄴ 여기 찾았다!!! 일부러 엄빠가 만든 벽 장식 찾아가서 셀카도 찍어 준 아들~! 고마워 사랑해ㄴ_@소현

:

오늘 할 일을 살짝 내일로 미루는 용기.

그 자리에 여유 한 스푼을 살포시 올려두는 것.

그것부터가 시작일지도 모르겠다.

내가 축구에 열광하는 이유

88 서울올림픽에서 K-콘텐츠까지

나는 축구 경기를 좋아한다.

특정 구단을 좋아하는 건 아니고 우리나라 국가대표팀의 경기를 열성적으로 좋아한다. 국대팀이 경기를 하는 날이면 나는 2002 한일월드컵의 감성으로 돌아가 소리를 지르며 응원한다. 그래서 경기를 보고 나면 늘 목이 칼칼하다.

내가 이렇게 국가대표 축구 경기를 좋아하는 이유는, '가슴이 뜨거워져서'이다.

88 서울올림픽이 열리기 전, 나는 미국에서 2년간 생활을 하

며 이 '뜨거워지는 가슴'을 처음 경험했다.

1985년, 아빠가 미국에 교환교수로 가시게 되면서 우리 가족 모두 2년간 미국에서 살게 되었다.
그 시절, 우리나라는 지금처럼 자유롭게 여권을 만들 수도 없었고, 해외에 나가는 일도 드물었다. 그런 때에 미국에 갔으니 인종차별은 어쩌면 당연한 것이었을지도 모른다.

동급생 중 아시아 여학생은 나 한 명. 당시 우리나라는 6.25 전쟁을 겪은, 언제라도 다시 전쟁이 터질지 모르는 위험하고도 가난한 나라로 인식되던 때였다.
게다가 백인들만 다니는 학교였기에, 동양인을 바라보는 시선에는 낯섦과 불편함, 신기함과 편견이 뒤섞여 있었다. 지나가다가 엉덩이를 걸어차는 아이가 있을 정도였으니까(물론 나에게 잘해주는 아이도 있었다!).

하지만 그럴수록 내 마음은 더 단단해졌다. '너희가 날 무시해도, 난 자랑스러운 한국인이야!'라는 자긍심이 생겼고, 조회 시간에 미국 국가가 울려 퍼져도 입을 꾹 다물었다. '나는 미국인이 아닌 한국인이니까!'라는 생각에 따라 부를 수 없었다. 그렇게 내 가슴엔 작은 불씨 하나가 피어올랐다. 그리고 그 불씨는 88 서울올림픽을 계기로 활활 타올랐다.

나는 아빠와 함께 잠실주경기장에서 벤 존슨, 칼 루이스가 출전한 역사적인 그 순간을 지켜보기도 했고, 우리나라 선수가 출전하는 모든 경기를 TV 생중계로 지켜보면서 환호를 지르기도 했다.
88 서울올림픽 이후 한국의 위상은 눈에 띄게 달라졌다. 해외여행이 자유로워지고, 집집마다 가전기기가 하나씩 늘기도 했다.

나는 중고등학교 시절 시위를 겪었고, 88 서울올림픽을 경험했으며, 흑백 다이얼식 TV에서 컬러 TV로, 브라운관 TV에서 디지털 TV로 넘어가는 걸 다 지켜본 세대다. 6.25만 빼고 다 겪었다고 해도 과장이 아닐 정도니, 이 정도면 애국심이 생길 만도 하지 않은가.

2002년 한일월드컵이 열렸을 때, 나는 역삼동에서 뮤지컬《오페라의 유령》무대에 서고 있었다. 신기하게도 내가 공연하는 날 대부분은 우리나라 경기가 있었는데, 그날도 마침 조별

리그 마지막 경기가 열리는 날이었다.

객석은 붉은 악마 티셔츠로 물들었고, 공연은 하고 있었지만, 마음은 죄다 월드컵에 가 있었다. 스태프들도 마찬가지. 다들 궁금함을 참기 어려웠다.
그러다 순간! 공연장 밖에서 환호성이 터져 나왔고(박지성 선수의 골이었다!), 그 소리는 무대를 뚫고 객석까지 쩌렁쩌렁 울려 퍼졌다.
공연이 끝나자 관객들은 흥분을 주체하지 못하고 거리로 쏟아져 나갔고, 나도 공연을 마친 뒤 거리로 달려나갔다.

한밤중 강남 거리는 열기로 들끓는 그야말로 축제 분위기였다. 나 역시 시민들 사이에서 박수를 치고, 환호성을 지르고, "대~한민국!"을 목청껏 외치며 거리를 행진했다.
벌써 20년도 더 지난 일이지만, 그날의 짜릿함은 아직도 생생하게 남아있다.

그 이후로 나는 국가대표팀 경기는 빠짐없이 챙겨 본다. 볼 때마다 한국인이라는 자부심이 절로 솟구친다.

얼마 전, 미국 시애틀에 6천 평 규모의 '한우리 공원'이 세워졌다는 소식을 들었다. 한국의 이름을 단 공원이 미국 땅에 생겼다니, 얼마나 반갑고 벅찬 일인가.

페더럴웨이 한인회에서 우리 부부를 초청해 주셔서, 감사한 마음으로 미국으로 날아가 공연을 하고, 출연료는 전액 기부했다. 아무리 바빠도 이런 뜻깊은 자리는 꼭 참석하려 노력한다.

작년에는 한국 문화유산을 주제로 한 공연 〈코리아 온 스테이지〉에도 참여해 《명성황후》의 대표 넘버를 불렀다. 공연장에서 몇십 번은 입어본 의상에, 몇백 번은 불러본 노래였지만, 경복궁 앞에 서서 부르니 느낌이 완전히 달랐다. 소름이 돋고, 가슴이 터질 듯 벅찼다.

어린 시절 가슴에 불을 지핀 애국심은, 어느새 K-콘텐츠를 알리는 사명감으로 이어졌다.

✦ ✦

내가 하는 일이 우리나라 위상을 조금이라도 높이는 데 도움이 된다면, 이보다 더 보람찬 일이 또 있을까?

개인적으로는 《명성황후》처럼 한국 역사를 바탕으로 한 K-창작 뮤지컬이 더 많아졌으면 좋겠다. 온 가족이 함께 보고, 한국인으로서의 자긍심도 느끼고, 나아가 전 세계에 뽐낼 수 있는 기회! 그런 무대가 더 많아지고, 더 멀리 퍼지기를 진심으로 바란다.

K-콘텐츠를 알리는 사명감

우리 가족 셋이 함께 집에서 축구 경기를 보던 날, 주안이가 나한테 했던 말이 생각나네요. "아빠! 엄마는 축구 볼 때 제일 드라마틱하게 희로애락을 표현하는 것 같아." 당신의 그 모습을 주안이와 나만 본다는 게 참 아깝기도 하고, 한편으론 다행인 것 같기도 하고…^^. 승부욕이 강하다고 표현해야 할까요, 애국심이 넘친다고 해야 할까요? 이 두 가지가 강하게 결합된 모습이라고 하는 게 맞겠죠? 해외에 공연을 하러 갈 때면 짐이 무거워지는 걸 감수하면서까지 꼭 한복을 가지고 가려고 했던 당신. 이제 그 마음을 더 잘 이해할 수 있게 된 것 같네요._@**준호**

└ 어릴 때 아빠랑 같이 88 서울올림픽 경기를 직관한 뒤 아빠가 사신 올림픽 기념주화!_@소현
└ 할아버지가 소중히 간직하신 거라 더 귀하게 느껴져요!_@주안
└ 이제 우리 주안이가 잘 보관해 줘^^_@소현

└ 2002년 《오페라의 유령》공연이 끝나자마자 달려간 거리 응원. 나에게도 이런 시절이 있었다니! 참 풋풋하다!_@소현
└ 나도 같이 응원했으면 재밌었겠다!_@주안
└ 그때 진짜 온 국민이 다 행복했었지! 주안이랑도 같이 있었으면 얼마나 더 좋았을까!_@소현

└ 《명성황후》 의상을 입고 경복궁을 걸으니 진짜 고종과 명성황후가 된 묘한 기분이 들었어!_@소현
└ 엄빠 경복궁에 있으니까 진짜 왕이랑 왕비 같다!_@주안
└ 그래? 엄마도 잠시 착각을 했지 뭐야?ㅎㅎ_@소현

사진 출처: 시애틀코리안데일리(김승규 대표)

└ 미국 패더럴웨이 한우리 공원 설립 기념 후원 음악회. 한우리 공원은 우리나라 동해시와 패더럴웨이시가 자매결연을 맺고 조성한 미국 내 최초의 한국 공원이야. 미국에는 일본 공원이 300개 이상이나 있는 반면, 한국 공원은 이번에 처음 지어진 거라 더 의미가 깊지!_@소현

└ 저 때 진짜 심장이 두근거리고 다리가 후들거렸어요! 엄빠 정말 대단! 이걸 매일 하시다니!!_@주안

└ 미국에서 한 특별한 공연이라 엄마 아빠도 엄청 떨렸어! 이런 귀한 시간에 우리 가족이 함께할 수 있어서 참 감사했어!!_@소현

사진 출처: 시애틀코리안데일리(김승규 대표)

└ 미국에서 보는 엄마의 라이브도 신기하고 감동적!_@주안

└ 고마워^^ 엄마도 주안이와 함께 무대에 올라서 감동적이었어! 외국에서 한복을 입고 노래할 수 있다는 것도 정말 뜻깊었고!_@소현

사진 출처: 시애틀코리안데일리(김승규 대표)

└ 한우리 공원의 전경. 너무 아름답다!_@소현
└ 가운데 태극 문양 정원이 정말 예뻐요!_@주안
└ 우리나라 고유의 멋을 참 잘 살린 것 같아!_@소현

사진 출처: 시애틀코리안데일리(김승규 대표)

└ 한우리 공원 건립을 후원한 사람들의 이름이 적힌 기념 명판!_@소현
└ 왼쪽 아래에 아빠 엄마 이름이 보이네요!_@주안
└ 정말 영광스럽고 감사한 일이지!^^_@소현

사진 출처: 시애틀코리안데일리(김승규 대표)

└ 이건 무슨 나무예요?_@주안
└ 페더럴웨이 한인회에서 아빠 엄마 이름으로 나무를 심어주셨는데, 이게 바로 그 나무야!_@소현

사진 출처: 시애틀코리안데일리(김승규 대표)

└ 아빠 엄마 이름으로 심어진 벚꽃나무! 신기하지?^^_@소현
└ 우와! 다음에 한우리 공원 가면 꼭 봐야겠어요!_@주안
└ 무럭무럭 자라서 아주 오래오래 공원을 지켜줬으면 좋겠다!^^_@소현

내가 하는 일이
우리나라 위상을 조금이라도 높이는 데 도움이 된다면,
이보다 더 보람찬 일이 또 있을까?

엄마도 처음에는 어린이였잖아요
껍데기와 알맹이

책 읽는 것이 유일한 쉼이자 즐거움이었던 유년 시절, 나는 소설 속에서 공상하는 걸 좋아했다. 주로 세계문학전집을 읽었는데, 그중에서도 내 '인생 책'은 단연 『어린 왕자』다. 그 책 속에서 유독 마음에 남는 문장이 있다.
'이건 낡은 껍데기 같은 거야. 그러니까 버려도 슬프지 않아.'

중학교 때 아빠의 권유로 처음 읽었고, 대학생이 돼 다시 읽었을 땐 전혀 다른 책처럼 느껴졌다. 어릴 땐 막연하고 추상적으로만 다가왔던 문장들이 그제야 조금씩 구체적으로 와닿았다.

'껍데기'가 뭔지, '슬프다'는 게 어떤 감정인지, 그제야 감정이라는 게 조금씩 보이기 시작했다.

얼마 전, 주안이가 학교 숙제로 『어린 왕자』를 읽고 나서 내게 물었다.
"엄마, 엄마도 처음에는 어린이였잖아요."
"그렇지."
"근데 왜 어린이 마음은 잘 이해하지 못하는 거예요?"

순간, 머릿속이 하얘졌다.
어른보다 더 어른 같은 질문. 아직 어른이 되지 않은 아이의 말에 나는 잠깐 멈춰 섰다.
"그러게… 엄마도 자꾸 잊어버리는 것 같아. 엄마도 분명 어린이였던 시절이 있었는데 말이지."

생각해 보면 정말 그렇다.
벌거벗고 태어나 엉금엉금 기고, 아장아장 걷던 그 시절을 까맣게 잊고 지냈다. 언제부턴가 나는 원래부터 어른이었던 것처럼, 어린 시절의 나 같은 아이들에게 '얼른 걸어라, 뛰어라' 바라고 있었던 거다.

성인이 된 뒤, 어느 순간부터 인생은 '성장'이라는 한 방향에만 초점이 맞춰져 있었다.

나 자신에게도 엄격했다. 조금만 정체돼도, 남보다 뒤처지는 것 같아 조급했고, 자꾸만 정답이 아닌 길을 가고 있는 것 같았다. 누가 뭐라 하지도 않았는데 스스로를 다그치고, 채찍질하고… 그러다 보니 중요한 걸 놓쳤다. 그림으로 치면, 계속 덧칠하다 보니 원래 뭘 그리려 했는지도 모르게 돼버린 거다.

사람 관계에서도 마찬가지였다. 내 진심은 그렇지 않아도, 상대가 원하는 모습처럼 보이려 애썼다.
'이렇게 말하면 좋아하겠지?'
'이런 선택을 하면 서운해하지 않겠지?'

결국, 내가 하는 많은 생각과 선택들이 '나'를 위한 것이 아니라 '남'을 위한 것이 되어갔다. 오랫동안 그렇게 살다 보니, 가면은 점점 많아지고 속은 더 비어갔다.
아침마다 옷을 고르듯, 상황과 사람에 맞춰 가면을 골라 쓰는 나.
괜찮은 척, 여유로운 척, 강한 척….
물론 그 가면들도 나의 일부일 수는 있지만, 문득 궁금해졌다.

진짜 '나'는 누구일까?

껍데기와 알맹이를 구분할 수 있게 되는 게 어른이 되어가는 과정이라면, 내 안의 진짜 알맹이를 알아가는 게 인생이 아닐까?

✦ ✦

2년이 넘는 시간, 무대에서 잠시 내려와 쉬면서 많은 생각을 했다. 너무 많은 사람들을 만나면서 피로했고, 결국 나를 지키기 위해 몇 겹의 껍데기를 둘러쓰고 꼭꼭 숨어버렸다. 그렇게 시간을 보내고 나니, 물론 나를 보호하는 데는 성공했을지 모르지만, 이상하게 중심이 흔들리는 느낌이었다.

알맹이가 작아지면 중심도 무너진다. 결국, 다시 상처받고 쓰러지기 마련이다.
이제는 알맹이를 키우는 일에 집중하고 싶다.
내 안을 들여다보고, 조용히 나에게만 집중하는 시간.
남이 아닌, 나에게 잘 보이기 위한 노력.
나를 찾아 떠나는 시간이 필요하다.

어린왕자는 뭐에 집중했을까?

어린이의 마음을 이해하지 못하는 게 아니라, 지금 그렇게 하면 안 되는 걸 알기 때문에 인내하고, 옳고 그름을 알려주다 보니 그렇게 되는 게 아닐까 하는 생각이 들어요. 주안이랑 자주 나누는 이야기가 나도 비슷해서요. "아빠도 그랬는데~ 아빠도 주안이랑 똑같이 생각했어~ 맞아! 아빠도 그랬지. 그런데…." 늘 이렇게 설명하고, 이해하기 쉽게 말해주는 게 지금 주안이 나이에 맞는 일상이 된 것 같아요. 당신도 그렇겠죠? 배려심이 많은 당신은 누군가를 대할 때 그런 생각이 더 많이 들 수 있겠다는 생각이 드네요. 늘 상대방을 먼저 생각하고, 나는 조금 불편해도 참아보려는 모습들. 그런 당신을 보며 주변에도 좋은 사람들이 자연스럽게 남고, 그들 역시 당신을 위한 배려를 하게 되는 게 아닐까 생각해요. 이제 당신을 위한 다정한 순간들을 누리길…! 나도 당신을 찾는 시간에 힘을 보태볼게요. 이미 당신은 충분히 강하고 아름다운 사람이에요._**@준호**

:

껍데기와 알맹이를 구분할 수 있게 되는 게
어른이 되어가는 과정이라면,
내 안의 진짜 알맹이를 알아가는 게 인생이 아닐까?

바람이 돼서 날아와야 해

엄마의 마음

"엄마, 사람이 죽으면 어떤 느낌일까?"

어느 날, 열두 살 아들이 툭 던진 한마디.
그 얘기를 들으니 마치 감춰둔 일기장을 들킨 것처럼 심장이 내려앉았다.

사실 우리는 늘 죽음을 바탕으로 살아가고 있는데도, 사람들은 '죽음'이라는 단어를 꺼내는 것조차 꺼려한다. 죽음에 대해 이야기하는 것만으로도, 언젠가 서로 헤어질 날이 올 거라는 걸 인정하는 것 같아서다. 나 역시 그렇다. 나조차 아직 정리되지 않은 주제인데, 아이가 먼저 말을 꺼내다니. 순간 놀라긴 했지만, 이건 기회다 싶었다. 지금이야말로 아이가 죽음을 어떻게 바라보는지 들어볼 수 있는 때라고 생각했다.

"왜 그런 생각을 하게 됐어?"
조심스럽게 물었다.
"내가 갑자기 사라지면 어떤 기분일지 궁금해서. 죽는 고통은 싫지만… 사람이 영원히 살 수는 없는 거잖아."
어느새 아들은 더 깊은 얘기를 꺼내기 시작했다.

"엄마, 혹시 그런 상상해 본 적 있어? 지구인들이 절대 안 죽는 거야. 그런 세상."
"오, 재미있는데? 어떻게 될 것 같아?"
아들의 엉뚱한 상상에 나도 슬슬 궁금해지기 시작했다.

"음… 다 안 죽고 계속 살면, 우리 옆집에 오스트랄로피테쿠스가 살고 있을지도 몰라."
"푸하하, 진짜? 그럼 주안이가 학교 가면 교실에도 오스트랄로피테쿠스가 있겠네?"

둘이 실컷 웃고 난 뒤, 나는 다시 아들을 바라보며 조심스럽게 말했다.

"주안아. 우리가 누군가 돌아가셨다고 할 때 있잖아. 그 말, 원래는 '고향의 별로 돌아간다'는 뜻이래. 죽음은 어쩌면, 다시 원래 있던 곳으로 돌아가는 아름다운 여행일지도 몰라."
"아, 그래서 '돌아가셨습니다'라고 하는구나. 원래 있던 곳으로 돌아가는 거네. 그러면 죽음이 꼭 슬픈 건 아니겠다."
"그렇지. 꼭 슬픈 것만은 아냐."

잠시 말이 끊기더니, 아들은 손에 들고 있던 우유컵을 만지작거리며 다시 입을 열었다.
"엄마. 나중에 엄마가 고향으로 돌아가더라도, 바람이 돼서 나한테 날아와 줘. 눈에 보이지 않아도, 나한테 불어오는 바람이 되면 좋겠어. 그러면 엄마가 안 보여도, 나랑 함께 있는 줄 알 수 있을 거 같아."

그 말에 눈물이 핑 돌았다.
엄마를 꼭 곁에 두고 싶은 마음을, 이별을 받아들이는 방식을, 이렇게 맑고 따뜻하게 말할 수 있다니. 그 마음이 예뻐서,

나는 아들을 꼭 안아주었다.

언젠가 우리 부부가 결혼에 대한 얘기를 하던 날, 나는 주안이에게 물어보았다.
"주안아, 너는 결혼하고 싶어?"
주안이는 머리를 긁적이며 웃더니, 이렇게 말했다.
"난 결혼 일찍 해서 아이를 빨리 낳고 싶어! 내 아이랑 최대한 오래, 같이 살고 싶어서!"

그 말에 마음 한편이 찡했다.
늦둥이 아이라, 내가 주안이의 동생을 낳아주지 못한 걸 알고 있었던 걸까? 동생을 원한다고 말한 적도 없었는데… 언젠가 혼자 남을지도 모른다는 상상을 하다니. 그 마음이 가엽고 미안했다. 동생 없는 허전함을 느끼지 못하도록 우리 부부가 누나, 형의 몫까지 채워주었다고 생각했는데… 부모와 자식의 마음 사이에는 늘 작은 틈이 있는 것 같다.

되도록 자식에게는 외로움이나 슬픔이 아닌, 따뜻한 기억을 물려주고 싶다.
함께 눈을 마주치고, 이야기를 나누는 이 평범한 하루가, 아들에게 오래도록 남는 기쁨이 되기를. 오늘 하루가, 아들에게 봄바람처럼 부드럽고 포근한 기억으로 남았으면 좋겠다.

봄바람 같은 하루, 꽃향기 나는 오늘이었으면…

이 이야기를 당신과 나눴던 것도 아마 장례식장에서 돌아오던 차 안이었죠. "우리 둘 다 하늘나라로 가면, 주안이는 혼자일 텐데… 결혼도 하고, 가족도 있겠지만… 그래도….." 짧은 몇 마디였지만, 그 안에 담긴 우리의 감정과 생각은 참 많이 닮아있었던 것 같아요. 긴 침묵과 고요함이 오히려 서로를 위로해 주었고, 그 시간이 말보다 더 큰 대답이 되었던 것 같네요. 지금 이 순간의 행복과 감사함을 누리며 건강하게 살아가는 것. 그게 결국 우리가 내릴 수 있는 최선의 답이라는 걸 느껴요. 더 많이 사랑하고, 더 좋은 것을 함께 보고, 더 많은 순간을 행복으로 채워갈 때, 주안이에게 미처 해주지 못한 것들에 대한 미안함보다 몇만 배 더 소중한 의미를 남긴다는 걸 알기에, 주안이와 당신. 오늘도 더 많이 사랑합니다. _@**준호**

┗ 나를 찍고 있는 주안이. 자세가 그럴듯하다!_@소현
┗ 나 사진 잘 찍죠?_@주안
┗ 주안이의 눈으로 세상을 담아낸 사진들을 보고 있으면, 그 모든 게 아름답게 느껴져♡
　_@소현

ㄴ 파란 하늘과 나무, 구도까지 완벽한 작품! 예쁜 사진 찍어줘서 고마워 주안아!_@소현
ㄴ 내가 찍은 사진 마음에 들어요? 근데 엄마 발 포즈 웃겨ㄴ_@주안
ㄴ 엄마 발 포즈? 사진에서 발이 얼마나 중요한데ㅋㅋ_@소현

엄마. 나중에 엄마가 고향으로 돌아가더라도,
바람이 돼서 나한테 날아와 줘.
눈에 보이지 않아도, 나한테 불어오는 바람이 되면 좋겠어.
그러면 엄마가 안 보여도,
나랑 함께 있는 줄 알 수 있을 거 같아.

양배추 인형

기다리는 자에게 선물이 있나니

아빠가 미국에서 교환교수로 계시던 2년, 그때 나는 열한 살이었다.
아빠는 학교 일로, 엄마는 대학원 수업과 과제로 늘 바쁘셨고, 우리 가족 형편도 넉넉하지 않았던 때였다.

그래서였을까, 나는 일찍 철이 들었다.
갖고 싶은 게 있어도 떼를 쓰거나 조르지 않았고, '언젠가는 사주시겠지'라고 생각하며 조용히 마음을 접곤 했다. 어쩌면 욕심보다는 인내를 먼저 배운 아이였는지도 모른다.

일주일에 한 번, 가족이 함께 동네에서 가장 큰 마트에 가는 게 우리 집의 작은 이벤트였다.

생필품도 사고, 일주일 치 장도 보고, 잠시나마 가족이 함께 웃고 지낼 수 있어서 더없이 소중했던 시간. 나는 거기서 내 마음을 단번에 사로잡은 친구를 만났다.

'에이미'라는 이름의 양배추 인형.

통통한 볼에 곱슬거리는 갈색 머리, 크고 맑은 눈망울에, 볼에 쏙 들어간 보조개까지.

그야말로 사랑스럽기 그지없는 인형이었다. 나는 단숨에 에이미에게 마음을 빼앗겼다.

그날 이후로 나는 마트에 갈 때마다 몰래 인형 진열대로 달려가 에이미의 머리를 쓰다듬으며 속으로 다짐하곤 했다.

"기다려, 언젠가는 꼭 너를 데려갈게!"

그렇게 나는 매주 마트를 갈 때마다 에이미와 조용히 인사를 나눴다.

그러던 어느 날, 아빠와 단둘이 마트에 갔다.

나는 여느 때처럼 인형 진열대로 달려가 "에이미, 잘 있었어?" 하고 속삭였는데, 어느새 곁에 와계시던 아빠가 물으셨다.

"저 인형이 그렇게 좋니?"
"네, 너무 귀여워요."
"정말 갖고 싶어?"
"네, 아빠!"

그 순간의 기쁨을 나는 아직도 기억한다.
가슴이 벅차오르고, 두 눈은 반짝반짝. 마치 꿈에 그리던 순간이 눈앞에 펼쳐지는 것만 같았다.
나중에야 알게 됐다. 아빠는 내가 에이미를 얼마나 좋아하는지, 마트에 올 때마다 얼마나 애틋한 눈빛으로 바라보는지 이미 다 알고 계셨다는 걸 말이다. 하지만 그때 바로 인형을 사주지 않으신 데는 이유가 있었다.

아빠는 내게 알려주고 싶으셨던 거다. 무언가를 간절히 바라고 기다리는 시간이 있어야만, 나중에 그걸 손에 넣었을 때의 기쁨이 더 크고 소중하다는 걸.

양배추 인형이 내 방 침대 머리맡에 처음 앉던 날, 나는 무엇이든 당장 손에 넣는 것보다 기다리는 시간 끝에 오는 선물이 훨씬 더 깊은 울림을 준다는 것을 깨닫게 되었다.

아들은 나를 닮았는지 어릴 적부터 무언가를 조르거나 떼쓰는 일이 거의 없었다. 갖고 싶은 게 있어도 그저 눈빛으로 살짝 표현할 뿐, 크게 말하지 않았다. 그래서 나도 예전에 아빠가 내게 그랬던 것처럼 아이가 좋아하는 것, 필요한 것들을 조용히 마음에 담아두곤 했다. 그리고 적절한 타이밍에 '짠!' 하고 선물처럼 꺼내주면, 그 놀라고 기뻐하는 얼굴을 보는 게 참 좋았다.

하지만 요즘 들어 아들이 자꾸만 조르는 게 하나 생겼다.
다름 아닌, 게임 머니.
다른 건 다 괜찮은데, 이것만은 좀처럼 허락이 안 된다. 게임에 돈을 쓰는 건 그 시작은 작아 보여도 점점 커지고, 결국은 허무하게 끝나버릴 걸 너무 잘 알기 때문이다.
아들이 '장화 신은 고양이' 같은 눈빛으로 "엄마아~ 이번 한 번만~" 하고 애교를 부리면, 잠깐 마음이 흔들리기도 하지만 곧 단호하게 말하게 된다.
"아니, 그건 안 돼."

며칠 후, 아들이 무언가를 갖고 싶어 하는 눈빛을 하면서도 말은 꺼내지 못하는 모습을 보며 나는 조용히 내 어린 시절

이야기를 들려주었다. 양배추 인형 에이미, 그리고 기다림 끝에 맛본 그 벅찬 기쁨에 대해서.

아들에게도 그런 기쁨을 알려주고 싶다.
기다리는 동안 느끼는 설렘, 그 시간이 결코 허무하지 않다는 걸. 바라는 게 있다면 조급해하지 말고, 조금은 기다릴 줄도 알아야 한다는 것을.

✦ ✦

언젠가 아들이 간절히 원하던 무언가를 손에 넣고 "우와! 진짜 최고야!"라며 두 팔을 번쩍 들며 환호하는 모습을 보면 그 순간을 함께 기다린 나 역시 누구보다 기쁠 것이다. 그날이 올 걸 생각하면 벌써부터 마음이 설렌다.
지금 이 순간도, 어쩌면 아들만의 '에이미'가 조금씩 다가오고 있는 중일 테니까.

선물은 기다렸다가 푸는 맛

당신과 함께 성장하면서 보고 느낀 것들 중 비슷한 부분이 많다는 게 참 좋네요. 나는 매년 크리스마스 때마다 산타 할아버지에게 받고 싶었던 게 '레고 해적선'이었어요. 우리 집에 계신 산타는 생각조차 안 하고 계신데, 파란색 돛과 빨간색 돛 중 어떤 걸 받으면 좋을지 장난감 가게 앞에서 한참을 고민하던 게 나름의 행복이었지요. 매년 받는 산타 선물은 필통이나 필기구, 노트 같은 것들이었고요. 해적선이 아니라는 사실에 잠깐 실망도 했지만, 선물을 받은 기쁨과 그 필기구를 1년 동안 사용하는 소소한 즐거움, 그리고 '내년에는 해적선을 받을 수 있겠지?'라는 작은 희망도 함께 품을 수 있었어요. 우리가 그렇게 경험했던 것들을 주안이도 올바르게 느끼고 잘 흡수할 수 있도록 함께 노력하고 있다는 사실이 참 고맙고 감사하네요. 이렇게 서로 설명하지 않아도, 이미 실천하고 있는 부분들이 넘친다는 것 또한 우리에게 큰 행운이라는 생각이 듭니다. _@**준호**

┕ 여전히 내 곁에 있는 나의 사랑스러운 에이미!_@소현
┕ 진짜 귀엽다! 나에게 에이미 같은 선물은… 뭘까?_@주안
┕ 너에게 에이미 같은 선물? 음… 이번 생일에 뭐 갖고 싶은데? 일단 말해봐봐!_@소현

:

양배추 인형이 내 방 침대 머리맡에 처음 앉던 날,
나는 무엇이든 당장 손에 넣는 것보다
기다리는 시간 끝에 오는 선물이
훨씬 더 깊은 울림을 준다는 것을 깨닫게 되었다.

인생은 가볍고 둥글게
관계의 기술

인터뷰에서 가장 자주 받는 질문 중 하나가 바로 이거다.
"지금까지 해오신 작품 중, '인생 캐릭터'는 무엇인가요?"

그럴 때마다 나는 잠깐 말문이 막힌다. 어떤 기준으로 꼽아야 하나, 순간 머릿속이 복잡해진다.
그래도, "첫 데뷔작인 《오페라의 유령》의 크리스틴이 아닐까요?"라고 조심스럽게 답하긴 한다.

하지만 솔직히 말하면, 열 손가락 깨물어 안 아픈 손가락이 없듯, 맡았던 모든 배역이 다 내 새끼(?) 같아서 하나만 콕 집어 말하긴 참 어렵다.

늘 그랬다. 작품 하나하나를 마지막 무대인 것처럼, 모든 걸 쏟아붓는 마음으로 임했다. 이전의 나를 뛰어넘고 싶다는 욕심도 늘 있었고, 그래서 매번 '올인'했다. 그러다 보면 자연스럽게 캐릭터에 애착이 생기고, 공연이 끝나고 나서도 오래도록 마음에 남는다.

'김소현' 하면 《명성황후》를 먼저 떠올리시는 분들이 많다. 나 역시 유독 애정이 깊은 캐릭터다.
처음 이 역할이 발표됐을 때, 솔직히 반응은 반반이었다. '김소현이 명성황후에 어울릴까?' 하는 걱정 어린 시선도 분명 있었다. 그전까지 내가 주로 맡았던 역할이 사랑스럽고 우아한 서양 귀족 캐릭터였으니, 많은 분들 눈에 내가 그 이미지로 굳어져 있었던 거다.

그에 반해 명성황후는 카리스마 넘치는 조선의 황후였고, 게다가 역사적으로 엇갈린 평가를 받는 인물이라, 관객들이 이 캐릭터를 어떻게 받아들일지 나 역시 걱정이 많았다.
하지만, 다행히 공연이 시작되고 회차가 쌓이면서, 점점 좋은 반응을 얻을 수 있었다.

나는 캐릭터 분석을 할 때 늘 '공감'이라는 키워드를 붙잡는다. 그 인물이 왜 그런 선택을 했는지를 단순히 궁금해하기보다, '그럴 수밖에 없었던 이유'를 찾아가는 게 먼저다.
그 입에서 아무리 독한 말이 나와도, 그 감정을 표현하려면 그 상황을 먼저 이해해야 한다고 믿는다. 그 입장에 서보려 애쓰다 보면, 억울함, 분노, 슬픔 같은 감정들이 저절로 밀려오고, 그 감정들이 고스란히 연기에 녹아든다.

그런데 참 이상하다.
캐릭터는 그렇게 잘 이해되는데, 현실에서의 사람은 왜 이렇게 어려울까?

20~30대 때의 나는 정말 '이해의 화신'이었다.
상대가 납득이 안 되는 행동을 하면, 속으로 끙끙 앓다가도 내가 먼저 다가가 말을 걸었다.
오해를 풀려고, 관계를 지키려고 애를 썼다. 관계가 얽히기라도 하면 속이 체한 것처럼 아무것도 못하고 전전긍긍, 온 신경을 거기에 쏟았다. 그땐 누가 내 곁을 떠나는 게 참 무섭게 느껴졌다. '내가 뭘 잘못했나?' 하는 막연한 죄책감도 마음 한편에 자리하고 있었다.

✦ ✦

하지만 세월이 약이라고 했던가.
살다 보니 이제는 안다. 모든 사람이 나와 맞을 필요는 없고, 사람은 각자의 자리에서 각자의 삶을 살아간다는 걸.
그걸 받아들이게 되니 마음이 훨씬 편해졌다.
사람을 있는 그대로 받아들이는 법도 배웠다. 억지로 맞추려 들지 않으니 실망도 줄고, 오히려 그게 진짜 '존중'이라는 것도 알게 됐다.

부부 관계도 다르지 않았다.
달라도 너무 다른 남편을 내 기준에 맞추려 했던 시절도 있었지만, 그게 얼마나 헛된 일이었는지 이제는 웃으며 말할 수 있다.

요즘은 이렇게 생각한다.
'나랑 안 맞는 사람에게 에너지 쏟느니, 그 시간에 나 자신에

게 더 집중하는 게 훨씬 낫다!'

무거운 마음으로 살면 인생도 빽빽하다.

가볍게! 유연하게!

그래야 인생이 둥글게, 부드럽게 굴러간다.

둥글게 부드럽게 굴러가는 인생

이 글에서도 그렇고, 요즘 만나는 사람들을 통해서도 당신이 얼마나 좋은 사람인지, 얼마나 노력하며 지내왔는지를 느끼게 돼요. 이 말이 맞는지는 모르겠지만, 어쩌면 지금 내가 누리고 있는 많은 것들이 당신이 쌓아온 덕분인 것 같기도 해요. "예전에 소현 씨랑 같이 일했었는데, 그때 정말 잘해주셨어요." "정말 밝은 사람이었어요. 덕분에 팀 분위기가 참 좋았죠." 이렇게 늘 좋은 말들로 인사를 나눌 수 있었고, 당신이 쌓아놓은 선행들로 좋은 관계를 이어갈 수 있었어요. 이제는 굳이 애써서 그걸 덜어내려고도, 그걸 유지하려고도 하지 말고, 당신이 여기에 써놓은 대로, 동그란 원처럼 그저 굴러가는 대로 편하게, 지금의 당신 모습대로 지낸다면, 이렇게 지금의 자리에서 당신의 사람들과 사랑하면서, 사랑받으며 지낼 수 있지 않을까요?^^_@**준호**

사진 출처: ACOM

ㄴ 《명성황후》 30주년 첫 공연을 앞두고 객석을 바라보는 배우들의 뒷모습! 공연 전에는 참 만감이 교차한다! 특히 첫 공연 직전은ㄴ_@소현
ㄴ 뒷모습만 봐도 너무 멋지심!!!_@주안
ㄴ 정말 이 사진이 더 그렇게 보이네^^_@소현

살다 보니 이제는 안다.
모든 사람이 나와 맞을 필요는 없고,
사람은 각자의 자리에서 각자의 삶을 살아간다는 걸.
그걸 받아들이게 되니 마음이 훨씬 편해졌다.

이제부터 사진 열심히 찍어야겠어요!

영원히 담아두고 싶은 순간

어렸을 때 나는 사진 찍는 걸 참 싫어했다.

특히 사춘기가 온 후부터는 카메라 앞에 서는 것을 극도로 꺼렸다. 그래서 학창 시절 사진 속 나는 죄다 뚱한 표정이다.

필름 카메라가 있던 시절에는 사진을 인화해 앨범 속에 보관하니 두고두고 꺼내 볼 수 있는 장점이 있었다. 그런데 디지털카메라가 생기고, 스마트폰이 생긴 뒤부터는 핸드폰 어딘가, 컴퓨터, USB 어딘가에 폴더로 저장해 두니 꺼내 보는 일이 거의 없다. 이럴 줄 알았으면 필름 카메라 시절에 사진을 좀 많이 찍어둘 걸 하는 후회가 든다.

그런데 우리 아들이 어린 시절의 나처럼 사진 찍는 걸 별로 안 좋아한다. 어디 배경 좋은 음식점이나 여행지에 가서 사진 찍어주겠다고 하면 찍기 싫어하는 눈치다.

그러던 어느 날, 아들과 함께 잠들기 전 침대에 누워 핸드폰 속 아기 때 여행 사진과 동영상을 보며 이야기를 나누는데, 아들이 대뜸 이런 말을 했다.
"엄마! 나 이제부터 사진 열심히 찍어야겠어요!"
"정말?"
"요즘 사진 찍는 게 별로였는데, 이렇게 엄마랑 이야기하면서 사진을 보니까 '이래서 엄마가 내 사진을 많이 찍었구나'라는 생각이 들어서요."
그 말을 듣고 마음이 따뜻해졌다.

얼마 뒤에는 아들이 사진 찍기 싫어하는 사촌 동생에게도 "사진은 될수록 많이 찍어두는 게 좋다"라고 말했다고 한다.
아들이 사진을 좋아하게 된 덕에, 요즘 할아버지, 할머니와 함께 있는 아들의 모습을 많이 찍는다. 외갓집에 가면, 집으로 돌아가기 전 항상 할아버지, 할머니를 꼭 안아드리는데 그 모습이 너무 예뻐서 놓치기 싫었다.

◆ ◆

점점 자라나는 아들과 갈수록 나이가 드시는 부모님을 보면 참 많은 생각이 들지만, 그 생각들을 오래 붙잡지 않으려 노력한다. 시간은 멈출 수 없고, 의미 없는 걱정도 흘려보내야 한다고 생각하기 때문이다.

내가 할 수 있는 건, 지금 이 순간, 내가 사랑하는 사람들을 더 사랑하는 일에 집중하는 것.
사진 한 장 한 장에 담긴 그 사랑이 언젠가 우리에게 따뜻한 웃음으로 돌아올 것이라고 믿으며, 오늘도 나는 사랑을 한 장 찍는다.

사랑한다면, 사진과 전화는 더 자주

어? 이 글을 읽는 순간, 문득 '이건 내가 김소현 어린이에게 해주고 싶은 이야기잖아' 하는 생각이 들었어요. 지금 이 순간이 가장 젊고, 가장 예쁜 날이에요! 무대나 카메라 앞에 서는 일을 하다 보니, 편한 상태에서 카메라에 담기는 모습이 어색했던 당신. 그런 당신에게 내가 늘 애원하듯 사진을 찍자고 하던 예전이 떠올라, 웃으면서 글을 읽었네요. 주안이를 임신했을 때, 불러오는 배를 매일 찍고 싶다고 했던 일도, 같은 자리에서 같은 포즈로 사진을 찍자고 했던 것도 이제는 다 지나갔지만, 그때 찍어둔 사진들을 다시 보면, '주안이도 예전의 당신처럼 사진 찍을 때 저런 반응을 보이겠구나.' 싶어요. 그런 주안이를 보며, 당신을 꼭 닮았다는 생각이 들었죠. 매일 마주하는 당신을 내 눈에 담으며, 흐르는 시간을 카메라에 기록해 봅니다._@**준호**

ㄴ 아들과 우리 부모님이 이렇게 꼭 껴안고 있는 사진을 보면 괜스레 코끝이 찡해진다. 착한 아들, 사랑하는 우리 부모님! 우리 다 건강하고 행복하게 오래오래 함께해요! 알라뷰쏘마치♡_@소현
ㄴ 사랑하는 할아버지 할머니. 건강하세요!!!_@주안

┕ 초등학교 입학식 사진. 어렸을 때 카메라 앞에 서면 나는 늘 뽀로통한 표정이었지~_@소현
┕ 엄마도 저런 때가 있었다니!!!_@주안
┕ 신기하지? 엄마도 처음부터 엄마는 아니었단다 ^^_@소현

:

내가 할 수 있는 건, 지금 이 순간,

내가 사랑하는 사람들을 더 사랑하는 일에 집중하는 것.

김소현 전문가가 써주는 김소현 각본

나를 더 잘 알 수만 있다면

고민을 털어놓을 데가 참 마땅치 않다. 아니, 아예 없다고 보는 게 맞겠다.

보통 사람들은 가까운 친구에게 속마음을 털어놓는데, 나는 좀 다르다. 깊은 속내를 잘 털어놓지 않는 성격이라 쉽지가 않다. 그래서 요즘은 유튜브 강연 영상을 보기 시작했다. 주로 '관계'에 관한 걸 자주 찾아보는데, 볼 때마다 느끼는 건, 와~ 정말 강연을 잘하신다는 거다!

어떻게 저런 사례들을 모았을까? 또 어떻게 그런 결론을 내릴 수 있을까?

뒤에서는 얼마나 많은 연구와 조사를 했을지 생각하면 절로 박수가 나온다!

영상 한 편을 보고 나면, 알고리즘을 타고 또 다른 강연으로 넘어가게 된다. 그러다 보면 '어? 내가 뭘 궁금해했더라?' '그럼 어떻게 해야 하지?' 하는 무념무상 상태에 빠지기도 한다. 강연이 너무 많으니까 오히려 뭐가 답인지 헷갈리는 상황이 된다.
결국, 답은 내가 찾아야 하는 걸까?

사실 나도 강연 요청을 받은 적이 있다. 10년도 훨씬 더 된 이야기다.
주최 측에서 '뮤지컬 배우로서의 인생'에 대해 강연해 달라고 했다. 부담 없이 해달라고 해서, 진짜 편하게 내 이야기를 하면 되는 줄 알았다. 어떤 내용을 말할지 정하고, 순서도 짜고, 연단에 올라갔다.
그런데… 웬걸! 무대에 서니 머릿속이 하얘지는 거다.
준비한 내용도 뒤죽박죽, 떠오르는 대로 얼버무려 말했다.
말하면서도 '내가 지금 무슨 말을 하고 있지?' 싶어 혼란스러웠다.

그때 객석에 앉아계신 나이 지긋한 어르신 한 분이 눈에 들어왔다. 순간 너무 부끄러워 숨고만 싶었다.
'저렇게 인생을 오래 사신 분 앞에서, 내가 무슨 인생을 논한다는 건가?'
그 뒤로는 내가 무슨 말을 했는지 거의 기억이 안 난다. 그냥 횡설수설하다 내려온 것 같다.

내게 강연이 유독 어려운 이유는, '나 혼자' 무대를 이끌어야 하기 때문이다.
나름의 계획을 세우긴 하지만, 연사로서 전문성이 부족해 누군가의 검증과 확인이 필요하다. 전문가가 내 말과 순서를 확인해 주고, 완성된 스크립트를 들고 올라가야 자신 있게 말할 수 있다.
그렇지 않으면, 마음 한구석이 늘 불안하다. 어쩌면 나는 '인간 김소현'으로 무대에 서는 게 서툰 것일지도 모른다.

극 중 인물로 완전히 몰입하면 혼자 서는 게 어렵지 않다. 해야 할 말이 정해져 있고, 생각과 표정, 숨소리까지 인물 안에서 자연스럽게 나오니까 말이다.

✦✦

가끔 '인간 김소현'으로 사는 게 힘들 때가 있다.
내 감정을 다스리지 못하고 불안할 때, '지금의 내 상태와 생각을 정확히 짚어주고, 어떻게 말해야 할지까지 알려주는 사람이 있다면 얼마나 좋을까' 하는 생각을 한다.

나보다 나를 더 잘 아는, 김소현 전문가가 써주는 각본!
그것만 있다면 지금보다 나에게 더 집중하고, 나를 더 잘 알 수 있을 텐데 말이다.

잊고 싶은 강연 기억

김소현 전문가! 이 문자를 처음 봤을 때, 아마 이 글을 접하기 전의 나는 "당연히 나지!" 하며 손을 번쩍 들고 큰소리로 외쳤을 것 같아요. 나도 당신을 참 많이 이해하고, 잘 알고 있다고 생각했는데, 당신은 그보다 더 깊고 조심스럽게 행동하고, 생각하고 있다는 걸 새삼 알게 되었어요. 그래서 더 곁에 있고 싶어졌고, 요란하지 않게 시간을 함께 보내며, 아직도 나눌 이야기들이 참 많이 남아있다는 사실에 기대하게 되더라고요. 생각해 보면, 우리는 남들이 듣고 싶어 하는 이야기들을 참 많이 해왔던 것 같아요. 하지만 이제는 서로를 바라보며, '우리의 모습은 지금 어떤가.' 생각해 보고, 나에게 필요한 게 뭐가 있는지, 서로에게 들려줘야 할 이야기는 뭐가 있는지. 함께 나누는 시간이 좀 더 많아지면 좋겠다는 생각이 들어요. 그런 시간이 쌓일수록, 우리는 더 멋지게 변화할 수 있을 것 같아요._@**준호**

ㄴ 나의 처음이자 마지막 강연 사진! 무대 위에서 내 이야기를 하는 게 그렇게 어렵고 힘든 일일 줄이야!!ㅜㅜ_@소현
ㄴ 무대가 너무 커 보여요… 진짜 떨렸겠어요_@주안
ㄴ 진짜 진짜 진짜 너무 떨렸어ㅜㅜ_@소현

가끔 '인간 김소현'으로 사는 게 힘들 때가 있다.
내 감정을 다스리지 못하고 불안할 때,
'지금의 내 상태와 생각을 정확히 짚어주고,
어떻게 말해야 할지까지 알려주는 사람이 있다면
얼마나 좋을까' 하는 생각을 한다.

써도 써도 아깝지 않은 소비
자식이 어른이 된다는 것

나는 사실 돈을 잘 쓰지 않는다.

어릴 때부터 모으고 아끼는 습관이 몸에 배어 돈이 생기면 일단 저축부터 하는 스타일이다.

그런 내가 유독 소비의 즐거움을 느끼는 순간이 있는데, 그건 바로 가족에게 돈을 쓸 때다. 특히 부모님께 쓰는 돈은 전혀 아깝지 않다!

얼마 전에도 엄마한테 전화를 걸었다.

"엄마, 뭐 떨어진 거 없어?"

그러면 엄마는 늘 한마디로 딱 잘라 말하신다.

"다 있어."

그래도 나는 포기하지 않고 다시 묻는다.

"휴지는? 얼마 전에 양파도 떨어졌다고 하지 않았어?"

그러면 엄마는 또 이렇게 대답하신다.

"있어, 휴지도 있고 양파도 있어."

엄마가 아무리 필요 없다고 해도, 부모님 집은 늘 뭔가 꽉꽉 채워드리고 싶은 마음뿐이다.

그래서 오늘도 친정집에 '주문 없는' 물건들을 배달했다. 주방 세제, 위생 장갑, 키친타월, 화장지… 쌓아두면 언젠가는 꼭 쓰게 될 것들만 골라서 보냈다. 필요 없다고 몇 번을 사양하시던 엄마도, 막상 딸이 보내준 장바구니를 보면 "덕분에 마트 안 가도 돼서 좋다"라며 고맙다고 하신다. 그럴 때마다 괜히 내가 더 기분 좋아진다.

부모님께 이렇게 '주문 없는 장바구니'를 보내는 이유는 딱 하나다.

그냥 내가 좋아서―

물건이 꼭 필요하든 아니든, 무언가를 해드릴 때 느끼는 기쁨이 크다.

내가 번 돈으로 사드린 휴지며 과일이며… 그걸 쓰고 드시는 부모님 표정을 상상하면, 정말 안 먹어도 배부른 기분이 든다.

✦ ✦

나이가 들면 부모와 자식 사이의 역할이 바뀐다던데, 정말 그런가 보다.

어릴 때 밥 한 숟가락 뜰 때마다 김치며 시금치 한 줄기를 떼서 수저에 올려주시던 부모님처럼, 이제 내가 그 역할을 하게 됐다.

하지만 자식에게 필요한 걸 채워주는 것과는 또 다르다. 자식은 내 도움을 당연하게 여기지만, 부모는 자식이 도와주는 걸 당연하게 생각하지 않으니까.

부모는 끝까지 자식에게 '해주는' 존재로 남고 싶어 한다.

그래서 그런 부모님께 작은 도움이라도 드리면, '엄마, 저 이제 이만큼 컸어요! 엄마가 기대해도 될 만큼 어른이 됐어요!' 하는 뿌듯함이 밀려온다.

나이를 먹어도 자식은 늘 품 안의 자식이라지만, 가끔은 부모님 곁에서 든든한 어른으로서 함께하고 싶다.

"귀찮게 뭘 그런 걸 사려고 해."
"너도 바쁜데 그런 건 신경 쓰지 마."
"우리 걱정 말고 주안이 필요한 거나 사줘."
이런 말 대신, 가끔은, "소현아, 사과가 다 떨어졌어. 내일 한 박스 사서 집에 올래?" 이런 말을 하는 엄마였으면 좋겠다.
엄마, 그래서 뭐가 떨어졌다고?

살 때마다 빠지지 않는 장바구니 물건

글에서 느껴지는 사랑이 마음을 따뜻하게 감싸주네요. 자식을 낳아보면 부모의 마음을 알 수 있듯, 앞으로 효도하면서 지내야지 다짐을 해도 또 그게 뜻대로 되지 않다는 걸 잘 아는데, 그걸 실천하면서 살고 있는 당신이 참 대단하고 존경스럽네요. 얼마 전 우리 엄마한테 전화를 받고 가슴이 먹먹했던 기억이 나요. "네가 주안이가 그렇게 예쁘고 사랑스럽듯, 나도 네가 그렇게 예쁘고 사랑스럽단다." 양가 부모님에게 진심을 다하는 모습을 보면서 나도 주안이도 보고 느끼는 게 많아요. 그런 마음을 주안이가 닮아서 그렇게 따뜻하고 포근한 것 같네요. 오늘 양가 부모님께 전화드려야겠네요! 아니… 영상통화 같이 할까요?^^_@**준호**

┗ 가족은 그저 존재하는 것만으로도 내가 살아갈 힘이 되어준다!_@소현
┗ 우리가 다 같이 여행갈 때가 가장 행복한 거 같아요!_@주안
┗ 엄마도 그래 주안아^^_@소현

"우리 걱정 말고 주안이 필요한 거나 사줘."
이런 말 대신, 가끔은,
"소현아, 사과가 다 떨어졌어. 내일 한 박스 사서 집에 올래?"
이런 말을 하는 엄마였으면 좋겠다.

"여전히 서툰 인생이지만
그럼에도 용기 내어 살아가는 이유는,
오늘 내 곁에 있는
'당신' 때문입니다."

Thanks to
진심을 담아, 너무도 예쁜 글로 이 책을 더욱 빛나게 해준 나의 반쪽 준호씨,
늘 엄마의 곁에서 든든한 힘이 되어주는 사랑하는 주안이,
한결같은 사랑으로 내 인생의 길잡이가 되어주시는, 존경하고 사랑하는 우리 부모님,
그리고 부족한 며느리를 언제나 너그러이 품어주고 아껴주시는 사랑하는 시부모님,
내가 어디에 있든, 언제나 그림자처럼 곁을 지켜주는 소팔동,
묵묵한 믿음으로 함께해 주는 우리 팜트리아일랜드 가족들,
또 이 책이 나오기까지 힘써주고 애써주신 (주)영진닷컴 출판사 관계자분들,
마지막으로, 부족한 글을 끝까지 읽어주시며 마음을 나눠주신 소중한 독자님들께
진심 어린 감사의 인사를 전합니다.

그래도 나니까

1판 1쇄 2025년 9월 1일

저　자 | 김소현
발 행 인 | 김길수
발 행 처 | (주)영진닷컴
주　소 | (우)08512 서울특별시 금천구 디지털로9길 32
　　　　갑을그레이트밸리 B동 10층 (주)영진닷컴
등　록 | 2007. 4. 27. 제16-4189호

©2025. (주)영진닷컴

ISBN | 978-89-314-7567-8

파본이나 잘못된 도서는 구입하신 곳에서 교환해 드립니다.